寺院経営がピンチ！

坊さんの覚悟

はじめに

ひと昔前は「坊主丸儲け」とよく言われたもので、お坊さんは葬式や法事などで荒稼ぎしているから、その懐はずいぶん暖かいんだろうと、皆が思っていたようです。

しかし最近は、お坊さんが裕福とは、とても言えなくなってきています。

私自身、四国・高松で浄土真宗本願寺派のお寺（稱讃寺《しょうさんじ》、通称は称讃寺）の住職をしています。

ですが、コロナ禍で、宗教儀式が不要不急の範疇に入ってしまい、先行きが見通せない、暗いトンネルにいるような感じがする寺院の経営環境です。

地域の長老で、お寺の総代さんでもある方が、地区の八幡神社さんが経済的にとても苦しいそうだが、お寺は大丈夫か？　と心配して声をかけてくれたりします。

最近の新聞に、山陰地方の数百年の歴史がある浄土宗のお寺に後継者が無く、不動産は国庫に帰することになった、との記事がありました。

また、新潟県の兎寺で有名な寺院の経営が立ち行かなくなった、との情報もありました。八百年の歴史があり、いくつもの重要文化財があるそうです。

織田信長の側室吉乃《きつの》の墓がある久昌寺《きゅうしょうじ》（曹洞宗、愛知県江南市田代町）も、近く取り壊されることになったそうです。吉乃は信長の最愛の女性で、信長との間に後の岐阜城主となる信忠らをもうけたとされています。また、久昌寺は生駒家の菩提寺でもあり、吉乃の墓や生駒家歴代当主の墓は市文化財に指定されているとのことですが、老朽化に伴い維持管理が難しくなったため、六三〇年以上の歴史に幕を下ろすことになったと報道されています。跡地は市に売却され、公園として整備されるそうです。

一般の会社なら、廃業したり倒産したりする会社がある一方で、新規に設立される会社もありますから、全体としての数は大きく変わらないのかもしれません。

現在、伝統仏教の寺院の数は、減少の一途をたどっています。昭和二十年の終戦後の混乱期には庵や説教所が一般寺院になるなどして、少し増えましたが、近頃の新寺院の設立は、ほとんどないのが現状です。

実際問題としては、オウム真理教事件の後、新規の宗教法人の設立はきわめて難しくなったと伝え聞いています。

称讃寺がある地域でも、後継者がいなくて廃寺の危機にある寺や、世襲での次の代の子や孫はいるけれどもお寺を継ぐ意思がなく、先が見通せないお寺は数多く存在しています。

明治以降に新設された、門信徒数が多くない寺院も苦戦が続いていまして、息子には継がせたくない、と言っている住職が多いのも事実です。

私が所属している浄土真宗本願寺派からは毎月「宗報」という冊子が届きます。最近は、住職代務の手続きをしている寺院や廃寺手続きをしている寺院の数が急に増えたとの印象があります。

新興宗教がどんどん信者を獲得して大きな組織になっているのとは対照的に、既存仏教は宗派を超えて衰退の一途をたどっていると言っても過言ではないと思います。

お寺に対して世間の風が厳しくなってきているのか、お寺に人々が関心を示さなくなったのか、原因は後ほど分析するとしても、下降曲線を描くベクトルは当分の間変わらないような気がします。

としますと、現在悠々自適にやっているお寺も将来的には、大変厳しい環境になることが予想されます。

一説には、現状のまま何も対策を打たないと、半数近くの寺院が淘汰されるとの観測もあるそうです。

一体、何が原因なのか、持続可能な道はあるのか、正解はないかもしれませんが、自坊のことも振り返りながら、私なりに模索していることを書き留めることにしました。その上で、厳しい環境の中で存続するためには何が必要なのか、何が求められているのかを検証してみたいと思います。

ＮＰＯ法人や一般社団法人なども、利益の追求が目的ではないという点では宗教法人と同じですが、それでも経営方針や経営計画を明確にしています。

私たち宗教法人も、目的をもって計画的に運営することが求められる時代になったのだろうか、との自問自答をしながら本書を著してみました。

著者

目次

はじめに／2

第一章　お寺は地域のインフラだ／11

第二章　既存仏教寺院の衰退の原因は何か／17

①地域の過疎化／18
②葬儀や法事等の簡素化・小規模化／21
③法事に対する価値観の低下／26
④檀家制度の崩壊／29
⑤お寺に人が集まらなくなったこと／33
⑥終戦後の政教分離の影響／36
⑦既存仏教に関心がなくなりつつあること／38
⑧お寺の住職の意識に勘違いが生じてきていること／42

⑨一般寺院・末寺が葬式や法事のお布施で生計を立てていること／45
⑩コロナ禍での「不要不急」／49
⑪新興系の宗教の浸潤／51
⑫それでは、お寺やお坊さんの社会的使命は何だろう。／52
⑬まとめてみると／62

第三章　本山について・本山の役割／65
①本山／70
②本山・宗派・宗門の役割とは／77

第四章　伝えていくべきお釈迦様の仏教／89
①中道／91
②四諦八正道／92
③因縁正起／97
④三法印／99

第五章　浄土真宗　親鸞聖人の教え／105
①煩悩具足の凡夫／109
②生き方の転換／110
③阿弥陀仏／112
④本願／116
⑤自力と他力／118
⑥南無阿弥陀仏／119
⑦悪人正機／121

第六章　寺院経営の指針／126
①お寺は、どこも皆同じではない！／127
②寺院経営の指針を作成しよう／131
③称讃寺・私の場合／133

第七章　「お寺のビジョン」を作成しよう／153
①寺院を経営する「理念」を考えよう／155
②「お寺のビジョン」を作成しよう／157
③実行計画を作成しよう／159

第八章　将来の展望が見通せないお寺／165
①苦しいながらも継続を模索する場合／166
②継続かどうか、立ち止まって判断する／168

第九章　これからの仏教・これからの寺／173

おわりに／184

第一章　お寺は地域のインフラだ

日本全国にコンビニの数ほどもあると言われるお寺ですが、このたくさんのお寺は一体どのようにして出来ていったのでしょうか。日本のお寺の歴史を簡単に振り返ってみましょう。

わが国最古の寺院は、奈良の飛鳥寺《あすかでら》だと言われています。蘇我馬子《そがのうまこ》によって崇峻《すしゅん》三年（五九〇年）に飛鳥寺の造営工事が開始されたことが『日本書紀』に記載されています。このために百済《くだら》から職人の集団が渡来してきたそうです。

また、同じ時代に聖徳太子が法隆寺、四天王寺、中宮寺などの寺院建築を勧めました。

奈良時代には、南都（奈良）七大寺と呼ばれる大寺院ができました。南都七大寺とは、東大寺、興福寺、元興寺、大安寺、西大寺、薬師寺、法隆寺のことです。鑑真《がんじん》の唐招提寺《とうしょうだいじ》もこの頃建立《こんりゅう》されました。

全国的にお寺が展開していくのは、聖武天皇が天平十三年（七四一年）に国分寺建立の詔《みことのり》を発してからです。国分寺は、現在の宮城、山形、福井、石川、富山、新潟、茨城、東京、千葉、神奈川、静岡、岐阜、長野、愛知、三重、奈良、京都、和歌山、兵庫、鳥取、島根、岡山、広島、山口、徳島、香川、愛媛、高知、福岡、大分、佐賀、熊本、長崎、宮崎、鹿児島、また、佐渡や対馬にも建立されたようです。

平安時代には、最澄が天台宗を開き、比叡山に延暦寺を建てました。真言宗の空海は神護寺や東寺に住したのち、高野山に金剛峯寺《こんごうぶじ》を開きました。また浄土信仰が盛んになり、宇治の平等院も建立されました。

鎌倉時代に入ると　浄土宗・浄土真宗・日蓮宗・臨済宗・曹洞宗などの新しい宗派が乱立し、新宗派の寺院があちこちで建立されました。鎌倉の禅寺「鎌倉五山」は有名です。

室町時代は政治の中心が京都に移り、京都五山が成立します。南禅寺、金閣寺、銀閣寺などの現在でも有名な古刹《こさつ》が次々に建立されました。時の権力者が大寺院をつくりました。

戦国時代以降になると、各地の戦国大名が、死者への弔いの業務を与えてさかんに寺を建立しました。寺の側も僧兵を備えて寺を守り、戦国大名への忠誠を誓っていました。

江戸時代になると寺請《てらうけ》制度（檀家《だんか》制度）が制定され、人々がいずれかの寺院に登録されるようになりました。これに伴って、全国津々浦々の村にも寺院がつくられました。

これらの寺院は大きな権力によってではなく、地域の人々の協力によって建立されました。現在ある寺院の多くはこの頃に出来たもので、さながら、今のコンビニのごとく、どこに行ってもコンビニがあるように、どこに行ってもお寺が存在していました。

寺院は、礼拝の対象を祀る堂塔と僧衆が居住する僧坊で構成されています。浄土真宗的に言えば、前者が本堂、後者が庫裏《くり》です。つまり、本尊の阿弥陀如来を安置し、皆が礼拝をする建物が本堂であり、僧侶やその家族が生活する建物が庫裏であります。境内の庭園を整備し、鐘楼や山門を設置して体裁を整えたお寺が多く見られます。

このようにとても長い年月をかけて、今も各地にあるお寺ができあがってきましたし、いったん建立されたお寺は多くの方々の協力によって維持管理され続けてきています。

そうしたお寺が、地域でどのように使用されてきたかといいますと、もちろん、宗教的な目的が第一でした。とはいえ戦前は、お寺に集まることの目的を宗教・非宗教と分けて考えてはいなかったような気がします。宗派によっては、個人の祈祷をしたり、地域や村全体で祈祷を頼んだり、お説教の先生が来ると分かれば、隣近所誘い合ってお参りしていました。大晦日は除夜の鐘つきに行き、初詣にもお参りしていました。

宗教行事ではない場合も、時代をさかのぼれば、お寺の本堂で寺子屋が広く開催され、学校がなかった頃の地域の教育を担っていたり、いろいろな会合や集会に場所を提供したりしていました。

戦争中には、多くの方が、いま私が住職をしている称讃寺の本堂に疎開してきたそうです。私自身、何人もの方から生のお話をお聞きしました。

ごく最近では、大災害時の避難所として利用されたりするなど、その時代時代で地域の人たちの生活の下支えとなってきました。今の言葉でいえば、地域社会のインフラの一つであったといっても過言ではありません。宗教的な役割を除いても、平時は、地域の方々の教育・文化・集会などを支えてきましたし、戦時中や災害時などは、疎開者や避難者などを受け容れてきました。まさしく、お寺は地域社会のインフラストラクチャーだと思います。

第二章　既存仏教寺院の衰退の原因は何か

原因は様々です。

①地域の過疎化

昭和の中頃から、人口の大都市流入は盛んになっていましたが、それでも昭和三〇年代四〇年代は、大学進学者の数はさほど多くなく、高校卒業後は地元の企業に就職するのが普通でした。農家も空いた時間に働きに出るようにはなりましたが、あくまで田畑の作業が中心でした。しだいに会社勤務の方が中心になって、その合間に田畑を耕すようになっていきましたが、それでも田畑を守ってきました。子供が都会の大学に進学しても、お前は長男だから、卒業後は地元に帰ってきて家督を相続するのが当たり前だ、と回りから言われ、本人もそれが当然だと思っていました。

それが、昭和の中頃以降になると、大学や専門学校への進学率が飛躍的に上がる一方、多くの中小・零細農家は農業からの利益がほとんど無くなってしまい、農地に雑草が生えるのを防ぐために、ただ義務的に稲作を行うばかりになりました。それ以前は、多くの田畑を所有していることがステイタスだったのですが、近頃は、田畑が邪魔者扱いされるようになっていったのです。もはや長男が地元で嫁を取り、家督を相続して田畑を耕し、家屋と先祖代々の墓や仏壇を守るとの考え方は過去のものとなっていったのでした。

こうなると、地域の過疎化は一気に進むこととなります。各県の県庁所在地はまだ何とか持ちこたえているようですが、関東圏・関西圏の大都会への人の流入はトレンドになってしまいました。自治体から見ると赤ちゃん・幼児・小中高校生と税金を投入して子育てを支援します。ですから当人が成人すれば、今度はその自治体に税金を納めてほしいのですが、実際は成人すると多くの人が都会暮らしで、税金を納める対象は地元の自治体ではなく、大都市の自治体になってしまいます。

寺院も、この地方の過疎化の波の影響を大きく受けています。お爺ちゃんのお葬式をして、数年後にお婆ちゃんのお葬式をしたら、お家は空き家になり、仏壇も墓もそのままで、お位牌だけ都会に住む長男が持って行き、都会で法事をするとのケースが見る見るうちに増えてきました。私の寺でも年間数件から十件ほどはあるでしょうか。仮に、年間十件あるとすると十年で百軒の檀家が減るわけですから、お寺にとっては大きなダメージになります。

昭和の終わり頃から、二世帯・三世帯で同居して暮らさなくなりました。長男でも結婚すると独立して家を新築し、新婚さんだけで生活するスタイルが一般的になりました。子供が大都会へ行かず、地元で生活する場合でも、通勤とか学校区などを考慮して、親元から離れた県庁所在地などの地方都市を選択することが多くなりました。長男でありながら、利便性などを考えてか、お嫁さんの実家近くを選択したケースも少なからずあります。

両親が亡くなってしまえば、一般的にはお位牌は長男の家に安置されて、そこで法要が執り行われることになります。しかし長男の家が離れたところにある場合は、どうしても元の菩提寺とは関係が薄くなり、自分の生活圏にあるお寺、自治会やＰＴＡなどで関係ができて、結果的に、元の菩提寺とは縁が切れてしまうケースも最近明らかに増えてきました。

単に自宅に近いお寺の方がいいと思ったのか、あまりよく知らない菩提寺の住職よりも、気心が知れたお坊さんの方がお付き合いしやすい、と考えたのかは分かりませんが、両親が亡くなって代が変わるとお寺も変えるような事例が多く出てきています。

②葬儀や法事等の簡素化・小規模化

「村八分」という言葉があります。仲間外れにするときに使われる言葉ですから、よい言葉ではありません。八分は仲間外れですが、二分は仲間だというのです。その二分とは火事の時と葬儀の時です。

昭和の中頃までは、葬儀は地域の行事でした。大方は、自宅での葬式で、自治会の皆が手伝いました。お座敷の襖を外して広い空間をつくり、葬式用の祭壇を組み、その前に棺を置いての葬式でした。多くの親戚と大勢のお坊さんで家の中は一杯になり、一般の会葬の方々は家の外の庭に設《あつら》えられた立焼香所でお焼香をしたりしました。当時は兄弟の数も多かったため、ご葬家には故人の兄弟夫婦、喪主の兄弟夫婦、喪主のパートナーの兄弟夫婦等が来れば、それだけで数十人になってしまうほどでした。地域の自治会の女衆は割烹着を着て台所に手伝いに行き、お茶や精進料理の準備やお給仕をしたりしました。葬儀後は皆で棺を担いで自治会が管理する地域の三昧《さんまい》で荼毘《だび》に付し、収骨をしました。家族・親族・友人・知人、地域の皆で弔いました。多くの方々の協力がないと葬式はできなかったのです。初期の葬儀社は祭壇の設営をしたり、仏衣や棺や骨壺の用意をしたり、受付、立焼香所、音響機器の設置をしたりで、もっぱら葬家や親族や地域の人たちが葬儀を執り行うのを側面から援助する立場でした。

しかし、昭和の後半以降は、共稼ぎの夫婦の増加や文化住宅の急増等、住宅事情や生活様式の変化で、自宅で葬式を行えないケースが急増してきました。公民館や集会所やお寺を会場に葬式をするようになりました。車社会の到来とともに葬儀社が各地に駐車場を備えた葬儀会館を建設して、葬儀会館で葬式をすることが主流になりました。

その結果、葬式は地域の自治会で協力して行うものではなくなり、お金を払って葬儀社に代行してもらうものとなりました。葬家は手間がかからなくなり、当然自治会の方々の手伝いも不要になりました。

このことが、葬儀が質的に変わるきっかけとなったように思います。つまり、地域社会のみんなで弔う行事から、内輪の家族・親族だけで弔う行事へと変わったのです。

それでも、昭和の後半は、地域で誰かが亡くなったら、親類縁者と自治会に連絡するのが当たり前で、死亡の情報はまたたく間に地域一帯を駆けめぐり、国会・県会・市会・町会・村会議員や秘書から農協、土地改良区、水利組合、銀行、子や孫の会社関係、友人、知人など多くの人が会葬に訪れていました。弔電もたくさん届きました。

専門の司会者が付き、祭壇のお生花も立派になり、さながら結婚式の披露宴をも連想させるような大規模で立派なお葬式ショーがあちこちで目立ちました。葬儀会社に支払う葬儀代金もかなり高額になってきました。地方都市で一五〇万円～二〇〇万円。大都市では、二〇〇万円～三〇〇万円……。

平成十年以降、葬儀バブルが崩壊し始めます。家族葬ブームの到来です。大規模になりすぎた葬儀の揺り戻しの意味もあるでしょうし、高額になった葬儀代金についても、もっと安く済ませたい、との思いがあったのでしょう。他にも、原点に返って、家族・親族で中身の濃い葬儀をやりたい、等々、「家族葬」という優しい言葉の響きとも相まって、急速に小規模の葬儀が広がることとなりました。

平成になってからは、「俺が死んだら、お骨は日本海に散骨してほしい」と公言する有名人がいたり、死んでからの葬式に来てもらっても、本人と会葬者が話もできないのだから、生前葬をやって積もり積もった話をしようと提案する歌手の方がいたり、宗教学者の島田裕巳さんが『葬式はいらない』『0葬のすすめ』を出版してベストセラーになったりしました。テレビのお昼のワイドショーでは、家族葬・密葬・散骨・墓終い等が特集でよく取り上げられたりもしました。

このあたりから、葬儀や法要が形骸化する方向にベクトルが向いていたのかもしれません。

それまでは、規模の大小の差はあるにしろ皆が同じような結婚式や葬式をやってきていたのですが、葬式で言えば、誰に連絡するか、どこでするか、どんな儀式をするか、宗教者を呼ぶか呼ばないかも葬家や喪主の判断に任せれば、それでいいとのムードが出てきました。

平成の中頃になると、葬儀会社は日本中飽和状態となり、価格競争で葬儀の取り合いをするようになりました。他の葬儀会社に葬儀を取られるくらいなら、安くしてでも我が社が施行したいとの意向がはたらき、葬儀社に支払う金額が一八〇万円から一五〇万円、一〇〇万円から八〇万円とどんどんダンピングが進みました。一般葬儀でこれ以上は安くできないところまで価格競争が進んでくると、葬儀社は家族・親族だけの小規模葬を提案するようになりました。戦後の集団就職で上京し大都会で暮らし亡くなった方の親族はみな地方です。家族だけで葬式を済ませ、地方の親族には連絡のみにとどめる場合が多くなりました。

背景には、平均寿命が大幅に伸びたこともあります。男性は八十代、女性は九十代で亡くなる方が多くなりました。介護制度と高齢者介護施設の拡充もあり、人生の最後の方の数年間は特別養護老人ホームなどに入所しての生活となる場合が多くなりました。すなわち、人生の終末期には、地域社会から隔離されて、社会との接点が希薄になっているという現実も、家族葬ブームに加担したように思います。

平成の中頃以降、葬儀社は次のような価格表を掲げることが多くなりました。

・直葬　棺に入れて火葬のみ
・葬儀　火葬（初七日）の一日葬
・通夜　葬儀　火葬、初七日の普通葬

このように、葬儀の形式を選ぶことができるだけでなく、宗教者を呼ぶか呼ばないか、法名・戒名をつけるかどうか等も選択できる場合があります。宗教者を呼ぶ場合、葬儀会社と提携している宗教者は布施金額も安く、宗教儀式の執行も一定水準以上だから安心ですよ、などという営業があったりします。葬家は葬儀社への支払いと、宗教者への布施をしなければなりませんが、セットにするとより安くなるとのことのようです。

昭和の時代、地方で仏教形式の葬儀を行う場合は、いつも複数のお坊さんで執り行っていました。自宅葬で、多い時には十五人ほどのお坊さんに来てもらったが、それだけ集めるのには苦労した、と父が話していました。

葬式の形態が変化するにしたがって、だんだん宗教者の数も減り、今では、ほとんどの葬儀で宗教者は一人になってしまいました。また、直葬で済ませたが後から法名がほしい、とか、葬儀社推薦の宗教者にしたけれども、しっくりこないのでこれからの法事を頼めないか？　等、様々なケースが出てきているのが実情です。どちらにしても、葬式や法事を複数の宗教者で執り行っていたのが、一人になってしまったため、仕事にありつけない宗教者が多くなりました。

③法事に対する価値観の低下

よく「法事は何回忌までするんですか？」と聞かれます。法事では、生・老・病・死を見つめて人生の「苦」を解消しようとした釈尊の教えを聴き、浄土真宗であれば、阿弥陀如来に我が身をお任せする生き方のお聴聞をします。また、故人を偲び、その生き様や人生の哲学などを検証し、語り合い、いま現に生きている私たちの生き方の肥やしにするのですから、いつまでやってもいいと思います。

儀式としては、昭和の頃は五十回忌が最後で弔い上げでした。平成になってからは、三十三回忌・二十五回忌でしょうか？　最近では、三回忌七回忌で終わりにした、との話もよく耳にします。

故人を思い出し、普段顔を会わせない親戚の方々と歓談することが、楽しみでなくなって、儀礼的に消化せざるを得ない行事になってしまえば、イヤイヤやっているのですから、早めにやめてしまいたい気持ちが生じてくるのも当然かもしれません。

当地讃岐地方の浄土真宗の法事は、お坊さん三人で三回にわたってお経を称えるのが正式とされてきました。一回目は仏説無量寿経、二回目は仏説観無量寿経、三回目は仏説阿弥陀経と正信念仏偈《しょうしんねんぶつげ》を称えます。三回目に回し焼香をします。およそ二時間かかりました。その後会食をしましたので一日がかりの行事でした。遠方の親戚は、前日や当日も宿泊したりしたものです。法事の予定が決まれば、家の内外を掃除して、場合によっては、障子や畳なども変えたりしました。客用布団や普段使わない座布団を出したりと準備も大変でした。

二世帯・三世帯が同居していた頃は年寄りが法事の段取りをして、当たり前に皆お参りをしていました。「法事は孫子の正月」と言われていたくらい、年少者はお小遣いなども頂けて楽しみにしていた節もあります。先にも書きましたが、その頃は、葬式だけでなく、何事でも親族が助け合って生活をしていた時代だったのです。

核家族化が進み、親戚付き合いが希薄になってきている現状も、法事の回数が減った要因の一つです。同一地域に暮らしているなら、親の兄弟である叔父や叔母、その子の甥や姪とも付き合いがあるでしょうが、遠隔地になればほとんど交流もなく、たとえ会ったとしても会話すら成立しないだろうと想像すると、あえて親戚どうしで集まりたいとは思わなくなるのも当然かもしれません。

近頃は、相続でトラブルが起きることも稀ではなくなりました。相続は一般的には家系図の下へいきます。つまり、相続のトラブルは故人の子どうしのトラブルということですから、兄弟がその配偶者や子たちをも巻き込んでの対立になってしまいます。相続でトラブルになってしまったケースでは、ほとんどの場合、法事はやっていないか、親族を招かないで家族とお坊さんだけでやっているか、のどちらかです。

近頃は、結婚していない、もしくは離婚して独りぼっちになってしまった方の葬儀も多くなる傾向です。この場合も、法事はしないことが多いです。

いずれにせよ、法事の絶対回数が減少傾向にあるのも、お坊さんにとっては、かなり厳しい逆風です。

④檀家制度の崩壊

「お宅の菩提寺はどこですか?」と尋ねますと、「うちは新屋です。仏壇も墓もありませんから、決まったお寺はありません」との返事が大半です。昭和の頃までは、「うちは新屋で仏壇もありませんが、本家が○○寺ですから、ゆくゆくはうちも○○寺です」との返事が普通でした。新屋だから決まったお寺はない、ということは、裏返せば本家のお寺には頼まない、ということとも取れるし、どのお寺、どのお坊さんに頼むかの選択権はうちの方にある、とも取れます。新屋が本家と同じお寺に頼んでいた頃は、お寺側から見れば、檀家は増える一方でした。しかし、新屋のお宅が当てにならないとすれば、檀家が増える要素はなくなってしまいます。

それぞれの地域にあるお寺や神社は、地域の檀家や氏子の皆さんの協力によって建立され、維持運営されてきました。お寺の住職や神社の神主さんは、学校で言えば校長先生か用務員さんのような立場であって、地域の皆さんのお寺や神社を預かって一生懸命に護持管理して次の世代に引き継いでいくのが使命であるはずだったのですが、いつの間にか、自分のお寺、自分の神社と勘違いしている住職や神主さんが多くなりました。

それとともに、地域の住民の方の「わが家をも含めた一軒一軒の檀家や氏子がお寺や神社を支えている」との意識も、急速になくなってきているのが現状です。

私の知り合いの住職の話ですが、お寺の本堂の屋根の傷みがひどく、数年前から雨漏りがしていたので、修理の見積もりをしたら数千万円かかるとのこと。お寺の総代さんや地域の世話人さんに相談しても、檀家一軒当たり数十万円にもなる募金はとてもできない、応急的にビニールシートで雨漏りを防いでいるとのことでした。

少し離れたところの他宗のお寺は、一軒当たり五十万円の募金を強行したら、檀家の三分の一が離檀してしまった上、結果的に募金額も目標にはほど遠いとの噂が聞こえてきています。

檀家の方々にとっては、「法事や葬儀のお布施はちゃんとお渡ししている。菩提寺の本堂が壊れたと言われても、本堂に入ったこともないし、本堂が壊れていても、壊れていなくても私には何の影響もない。お寺側は修繕積立金などを日常的に用意しておけばいい。困ったときだけ助けてくれ、と言われてもこちらも困る」などという主張のようです。理解できます。もっともです。

少し前までは、お寺や神社の境内の寄付石に父・祖父・曾祖父の名前と金額が刻まれているのが家にとってのステイタスでしたが、様子が一変してしまいました。お寺を門信徒一同が支えているという意識は、だんだんと薄れて来つつあります。将来的には無くなってしまうかもしれません。

これからの時代は、お寺の建物や仏具等、住職が自力で維持管理する必要に迫られるということです。この点も、お寺にとっては、きわめて重大な課題と言えると思います。

十数年前、近隣の同じ宗派のお寺が、明治時代に建立された立派な八間四方の本堂を取り壊し、代わりに、公民館状の四角い鉄骨の本堂を建てました。お寺の本堂や会館等は、建築の法律上、不特定多数の人が出入りする公民館などと同様に一般民家よりも強い耐震基準や防火設備などが要求されるとのことです。そのお寺の住職は、耐震基準を満たしていないままの本堂を放置できないから建て替えを決断した、と語っていました。今から思えば大変きれいで立派な本堂ではあったけれども、耐震基準は満たしていないし、耐震基準を満たすようにするには莫大な費用がかかるし、古い建物だから継続して補修費用が発生することが予想されたので、思い切って取り壊し、代わりとして、今後維持管理の費用が多くならないような、ある意味でお寺らしくない四角い建物を建てたのでしょう。その時の住職の先見の明と決断力に改めて脱帽する思いです。

最近は、通信販売の「アマゾンのお坊さん便」をはじめ、インターネット上で簡単にお坊さんを探すことができるようになりました。また、葬儀社との葬儀の打ち合わせの中で、お坊さんを紹介してほしいとの希望を伝える方が急増しています。どこかのお寺の檀家にならなくても葬儀や法事を実施することは可能ですし、気に入らなければ（気が合わなければ）お坊さんを変えることも可能になりました。社会全体の人々の学歴水準が上がり、職務上でも日常的に自己を高める努力をしている方が多くなればなるほど、お坊さんとの会話が噛み合わなくなっている現実があると、葬儀社の幹部が語っていました。誠にその通りだと思います。

今までのように檀家として菩提寺に属していなくても、葬儀や法要は何不自由なく行える世の中になりつつあります。このことは、菩提寺を門信徒が支えなければならないという意識も急速に薄れてきていることを意味します。つまり、近い将来には、お寺の維持管理をしていく上で、門信徒を当てにできなくなるということです。

昭和の頃までは、菩提寺の熱狂的なファンとでもいえる門信徒がどこのお寺にもいらっしゃいました。平成・令和になるといなくなりました。

⑤お寺に人が集まらなくなったこと

昭和の中頃までは、各地の末寺では頻繁に法座が行われてきました。年に数回あるお寺の行事にはたくさんの人々が集まっていました。お寺の近くのバス停に行列ができていたとか、たくさんの露店が並んであったとか、伝説のように語られています。

浄土真宗でも季節ごとに法座があり、長い場合は一週間、三日間、二日間など複数日にわたって実施することもありました。朝と昼の読経の後に布教使の方のお説教を聴くのがオーソドックスなパターンで、当地讃岐地方では手打ちうどんやビールもふるまわれていました。

毎週日曜日には、日曜学校と称し本堂に皆が集まってお経を読み、法話を聞いたりしていました。お婆さんが孫の手を引いてお寺に行っていました。老年期の方々、青年期の方々、子供さんたちと、世代を超えた人々がお寺に集まってきていました。ほんとうに仏教が広まっているか、深く理解が進んでいるかは別としても、人々の日常生活の中にお寺は溶けこんでいました。

昭和の中頃になると農業の機械化が進んだため、空いた時間に勤めに出て現金収入を求める人が急増しました。その傾向がさらに進んでいくと、サラリーマンの方が中心になって、空いた時間に農業をする、というように生活様式が大きく変化してきました。ほとんどの農家が兼業化していきます。その生活様式の変化にともなって、お坊さんには、土日祝日に法要の依頼が集中するようになりました。こうなってきますと、お寺は日曜学校を開催するのは難しくなってきます。お坊さんの忙しくない平日に恒例の行事を開催しても、集まれるのは退職後の高齢者のみとなってしまいました。その高齢者の方々も、手薄になっている農作業を手伝ったり、定期的にデイサービスに行ったりして、なかなかお寺にお参りする時間が取れなくなってきました。

以前は、日常の中で自然にお寺にお参りをしていたのですが、それ以降はなかなかお参りできる時間的な余裕がなくなってしまいました。また、若い頃にお寺にお参りしたことがない世代の方が、退職して少し時間ができたにしても、行ったことのないお寺は敷居が高く、足が向かわないとの現実もあります。

お寺本来の仕事である布教活動・教化活動もやはり昭和の中頃までは活発に行われていましたが、それ以降は、だんだん下火になってきました。

社会全体が忙しく、慌ただしくなり、共稼ぎ夫婦が当たり前になり、二世帯・三世帯で生活する家庭が少なくなった昨今、お寺の行事に参加する人は激減し、どのお寺でも人集めに四苦八苦しているのが現状です。

お寺には本堂の外陣の大きな空間や庫裏の大広間があります。地域の自治会、水利組合、農業委員会、商工会などの集まりごとや会議などはお寺を会場にしていました。時には、選挙の作戦会議や候補者の演説会などもやっていました。地域の人々の集会の場所としてお寺は役に立っていたのです。

しかし、公民館やコミニュティーセンター等が建設されると、お寺を会場に集会をすることはほとんどなくなりました。

⑥終戦後の政教分離の影響

宗教が政治と一体化したり、対立したりする例は歴史上も数多くあります。わが国でも明治以降、天皇を神格化する国家神道によって政治と宗教が一体となりました。この時代、仏教諸派は弾圧を受け、政治に翻弄されながらも、一定の役割を果たしてきました。つまり、日本人に一般的にみられる先祖供養の意識の受け皿になってきたのです。

先の大戦の後、ＧＨＱが国家神道を解体すべく強力に政教分離政策を推し進めました。これはよく理解できます。日本人だけでは、今の象徴天皇制にはなっていなかっただろうと、私も思います。また、信教の自由を保障する上では政教分離は必要不可欠ですから、これはある意味では必然の結果だったとも思っています。

ただ、あまりにも強力に政教分離を推し進めすぎた結果、公立学校の義務教育現場では、宗教に対しての忌避意識が相当強くなってしまいました。文部省検定を通過した教科書も歴史としての宗教には触れるものの、道徳・倫理・哲学的な考察の部分から宗教に触れることはありません。教職員も宗教は扱わない方が無難だとの意識からか、公教育現場に宗教的な視点を持ち込むことはなくなりました。建築や芸術や文化活動などは、どれを取っても宗教と深く関わりあって現代につながっています。そういう点を考えても、公教育現場の宗教への忌避意識は大きな問題だと、私は今でも思っています。

道徳的な面から見ても、薄っぺらで表面的な喜怒哀楽しかない子供が多いように思います し、一歩踏み込んで、物事の意味とか役割などについて考えることが苦手になってきている気がします。若い世代が金銭的、物質的な満足感しか持てなくなり、人間本来の満足感、充足感、幸福感を感じにくくなっているのも　戦後の教育のあり方の影響が大きいと思います。

戦後の教育が宗教を忌避していても、昭和の時代は多世代で家庭が構成されていましたから、戦前生まれの祖父母の感性が家庭の中に浸透していました。近頃は親と同居しないのが当たり前になっている上に、戦前生まれの方がどんどん亡くなっていますので、若い世代が宗教的な感性に触れる機会がありません。結果として、ほとんどの人が宗教に無関心になり、心の深い部分での満足感・幸福感などを感じにくくなっています。それには、戦後教育のあり方にも大きな原因があると、私は確信しています。

⑦既存仏教に関心がなくなりつつあること

二五〇〇年前にお釈迦様が「この世で生きていくことは、『苦』である」「苦の原因は、私たち一人ひとりの『煩悩《ぼんのう》』である」「煩悩が無くなった世界が『涅槃《ねはん》（悟りの世界）』である」「悟りの世界を目指すために『八正道《はっしょうどう》』を実践しよう」とおっしゃったことが、仏教の原点です。四諦《したい》八正道と言います。それに「諸行無常」「諸法無我」「中道」「縁起」等の思想を織りこんで、この世で生きる一人ひとりが悟りの世界を目指すのが仏教です。

年齢や職業や立場などが違う一人ひとりが、自分に「煩悩」がたくさんあることを自覚して、少しでも「煩悩」を滅し悟りに近づこうとするのが仏教です。

どうやって「煩悩」を滅するのかについては、各宗派がそれぞれ道を説いています。坐禅を組んで邪念を無くそうとする宗派、寒中の滝に打たれて修行をする宗派、一心不乱に念仏を唱える宗派、私自身を阿弥陀如来にお任せする宗派……など、いろいろです。

現代社会で忙しく生活していながらも、仏教的な人生の物差しを持って生活をしていくこと、一人ひとりが他の人と手を携えながら、少しでも「悟り」に近づけるようにすることが、本来の仏教の教えです。

ところが現代は、仏教と言えば、葬式や法事のイメージが強くなってしまいました。葬式や法事も大変重要な儀式ではありますが、仏教が発展・変遷しながら社会に同化していく上で派生的に生まれたものです。「生・老・病・死」の四苦のうちの「死」を見つめれば見つめるほど、これからをどう生きるかが問われます。いま生きている私たちに、人生のヒントを与えてくれるのが仏教なのです。

それにもかかわらず、仏教と言えば、葬式や法事。お寺と言えば、お庭や建築や仏像を見て楽しむ観光施設になってしまいました。

仏教から何か人生のヒントを得ようとする場合であっても、精神を集中して受験勉強や会社の営業活動に取り組むために仏教儀礼を利用したり、集団生活や挨拶の大切さを認識するために仏教を引用したりなどと、他の目的のために仏教をつまみ食いするような事例が多くなってきている気がします。たとえば、精神統一をしたいから、坐禅を説いた道元さんの教えや鈴木大拙師の『禅』を少し読んでみよう、というごとく、まず実践したい事があり、その実現のために宗教の手助けを借りようと考える人は少し増えているのかもしれません。私は、このような仏教の利用され方を否定するつもりはなく、このような仏教もありだなあ、と思っていますが、これは、長嶋茂雄やイチロー、松下幸之助や田中角栄の伝記を読んで、ピンと来る部分だけを真似しようというのと同じで、それぞれの偉人が大切にしてきた人生の哲学全体に感動して受け容れるとの姿勢には、ほど遠いものがあるような気がします。

書店には、仏教書のコーナーもありますが、立ち読みしている方はほとんどいません。仏像とか建築とか庭園とかに興味を示す人は多いです。仏教から派生した茶道・華道者もたくさんいます。また、ヨガや坐禅などの精神統一のための自己研鑽本も売れています。

しかし、釈迦や達磨が何を言ったか、最澄・空海・道元・法然・日蓮・親鸞・鑑真・隠元たちが何を説いたか、には、興味を示さなくなっているような気がします。死んだら地獄は嫌だ、どうしても極楽に行きたいと真剣に思っている人は何人いるでしょうか？　阿弥陀如来・釈迦如来・薬師如来・観音菩薩・地蔵菩薩等の仏様の力を本心から信じて頼りにしている人はいるでしょうか？　救いを求めている人は何人いるでしょうか？

仏壇屋の店員さんが言っていました。お客さんに「お宅の宗派は？」と尋ねても、お客さんは「なんだっけ？」。「お宅のお寺さんは？」と尋ねても「誰だっけ？」の状態です。

うちの菩提寺はたしか浄土真宗の西本願寺だったね、とか、実家は真言宗の高野山だったよ、くらいの認識はあるにしても、その浄土真宗の救いは何だろうか？　真言宗が唱える修行とは何だろうか？　と考える人が少なくなりました。

いつの世も弱者はいます。困っている人も大勢います。弱者を救う、困っている人を助けるというのが、仏教の根本であるにもかかわらず、現実のお坊さんの視線が弱者に向かっていなかったり、困っている人たちに寄り添っていなかったりすることがあります。本来、仏教の目標は、皆が生きていく上での「苦」を少しでも取り除くことにあるのですから、お坊さんは全員、たとえば皆に降り注ぐ太陽の光のような立場・視線・態度であるべきはずなのに、いつの間にか、そうではなくなってしまっています。そうなってきますと、釈迦の仏教、空海の仏教、道元の仏教、親鸞の仏教、日蓮の仏教など、それぞれの仏教教義には興味を持っていても、現実の今の仏教や今のお寺や今のお坊さんたちには、一般の方々は関心を示さなくて当然かもしれません。

⑧お寺の住職の意識に勘違いが生じてきていること

各地域に存在する末寺で、明治期以前に建立されたところの多くは、地域の門信徒の皆さんの金銭的な支援、人手や労力での応援、また、運営に関していろいろな考えや意見を出してもらうことなどで成り立ってきましたし、維持管理もされてきました。

浄土真宗の寺は、世襲が原則ですので、当称讃寺でも、わが瑞田《たまだ》家が代々住職を務めてきました。私が十六代目で、全讃誌や香川県誌、香川郡誌、香川町誌や祖父・父が取りまとめた寺の歴史によるとおおよそ五百有余年続いているようです。三回の火災に遭い移転をしながら現在の地でお世話になっています。

私の父の兄は住職になってしばらくして戦死し、弟の父が急遽《きょ》住職となったと聞いていますし、その前の代、私の祖父は男四人女二人兄弟の末っ子であったそうです。長男・次男・三男はいろいろな理由でお寺を継ぐのにふさわしくないとして末っ子が住職になったと聞かされました。その前の代は男児がなく、山奥の寺の次男を養子に取ったとのことでした。

長い歴史の中で、ときどき困難な状況に遭遇しながらもなんとかかんとかお寺を継承してきました。明治の中頃の火事の際には、本堂・庫裏は全焼しましたが、鐘楼や大小の山門は焼け残ったので、移転再建するにあたってそれらを運ぶことになりましたが、稲刈りの済んだ田んぼを横切りながら直線距離で五キロほどのコースを男衆が何日かかけて担いできたと聞いております。境内地も地域の造り酒屋さんにご寄進頂きました。

父親の代、昭和の中頃には、本堂の屋根の葺《ふ》き替えなど大改修を行いましたし、私の代になってての平成十四年には、本堂・庫裏などの古い建物を取り壊して、新築する大工事を致しました。二億円以上の費用がかかりました。門信徒の方々のご寄付によってその費用を賄いました。いつの時代も多大なご支援を頂いて、現在に至っているわけです。

称讃寺の例でお分かり頂けましたように、どのお寺も地域の門信徒の方々の物心ともどものご支援によって成り立っているわけです。お寺の境内地や建物に固定資産税が免除されているのは、まさしく、地域の人々の共有財産であり公民館的な使い方を想定しているからだと思います。

歴代の住職やその家族は、いわば住み込みでお寺の維持管理をしている管理人と言えるでしょう。よく言えば、校長先生か支店長、普通に言えば、用務員さん的な立場なのかもしれません。

そのお寺の住職の意識が少しずつ変化しているように思います。門信徒の皆様方のお寺を皆様方の意向に沿うような形で護持・発展に努力する姿勢から、お寺は住職の所有物であるから、好きなように運営してもよいという姿勢に変化してきているような気がします。

お寺の運営を寺院経営といいますが、日常的な寺院経営をするにあたっては、門信徒の方々と相談をしないままに活動をしていて、何かとても困った問題が起こった時だけ、門徒総代さんはじめ世話人さんたちにも相談するとの姿勢の住職が多くなっています。あえて言えば、自分の活動方針に異論を唱えてほしくない、相談しない、聞く耳も持たない、そんな住職が増えてきているのが現状です。

お寺は宗教法人です。一般的に住職は代表役員を務めていますが、これは、お寺が住職の所有物であることを意味するものではありません。株式会社や有限会社よりも、もっと公共性・公益性を持った宗教法人の所有物です。その宗教法人の今の代表者が、住職であるということです。

公共性・公益性があるがゆえに、宗教法人が所有する不動産の固定資産税は免除されています。平たく言えば、公民館的な利用をされているみんなの物、という解釈から固定資産税が免除されているということです。株式会社などは、売上から経費を差し引いた利益に税金がかかりますが、宗教法人は、この部分でも非課税です。宗教活動は金銭的な対価を必要としない公益活動である、との考えからです。

住職がお寺を自分のものであると勘違いし、お寺に依頼があった法事や葬式で自分が稼ぐとの意識を持つようになれば、それはすでに、公益活動でも宗教行為でもないのかもしれません。皆さんの身近なお坊さんが、どんな公益活動をしているのか、眼を凝らして見てみましょう。知り合いのお坊さんが、法事や葬儀の時に受け取るお布施は、儀式に対する対価なのか、施しなのか、考えてみて下さい。門信徒の方々が施しとしてお布施を渡しても、受け取る側のお坊さんが儀式を執行した対価を受け取っているとの意識があれば、そこには、もはや公益性や宗教性はかけらもなくなってしまうのです。この点について、勘違いしているお坊さんが多くなってきました。この事も、お坊さん離れの影の要因だと考えられます。

⑨一般寺院・末寺が葬式や法事のお布施で生計を立てていること

歴史的にみると、日本人は長い間、土葬されていたようです。

縄文時代は、屈葬と呼ばれる方法で、体を体育坐りのごとく折り曲げて、穴を掘って埋葬していました。

弥生時代になると、屈葬から一転して伸展葬になります。身体を伸ばして埋葬する方法です。

古墳時代、飛鳥時代には、時の権力者が大規模な墓をつくりました。銅鏡や勾玉《まがたま》や剣などの副葬品を入れたりもしました。

七〇二年には、持統天皇が火葬されたとの記録が出てきます。火葬は特権階級のみで行われていたようです。

一般庶民の埋葬には大きな変化はありませんでしたが、農耕が始まって土地に定着したこともあり、墓が見られるようになりました。

鎌倉時代になると、火葬も広く利用されるようになったようですが、火葬場も少なく、火葬技術も未熟でしたので、火葬と土葬の併用がその後長く続きます。

浄土思想が普及し、死生観が浸透すると葬式も行われるようになりました。

室町時代以降は、地域の集団墓地がつくられたり、阿弥陀仏の近くで埋葬されたい、とのことで寺院の境内の墓地化が進みます。

このように、埋葬方法は時代によって少しずつ変わってきましたが、江戸時代初期までの各地のお寺は、それぞれの宗派を布教して広めたり、僧侶を養成したりすることが主な目的で、純粋に宗教的な存在だったのかもしれません。

しかし江戸時代の中期になると、キリスト教の伝播を恐れた幕府はキリシタン禁止令を出し、住民が地域のどこかのお寺に所属することを求めました。これが寺請制度とか檀家制度、寺檀制度などと呼ばれるもので、以後急速に普及し、その結果として、お寺は地域の住民を管理する存在になったのでした。

このあたりから、葬式や法事は菩提寺にお願いするとの慣行ができていったようです。現代のお寺が葬式や法事のお布施で生計を立てるようになったのも、もとはといえばこの檀家制度によるところが大きいと思います。

明治の廃仏毀釈《はいぶつきしゃく》により一時火葬が禁止された時期もありましたが、すぐに撤回され火葬が義務化されるようになりました。

一般庶民にも、葬儀・火葬・墓に納骨をするという形式が整ったのは、明治期から大正期にかけてのことだと言われています。地域の三昧で火葬します。

この頃は、輿を使った人力の葬送でしたが、戦後は霊柩車に代わりました。公立の火葬場が各地に整備されていきました。

檀家制度が普及してからというもの、地域の門信徒は、もしもの時にはわが家の葬儀をお願いしなくてはいけないので、菩提寺を大切にし、金銭的にも労力的にも、また精神的にも菩提寺を応援・援助するようになりました。お寺の方も、お布施によって現金収入が当てにできるようになり、もっぱら葬式や法事に一生懸命取り組むようになりました。

「葬式坊主」という言葉があります。本来ならば、仏教の研究や布教、新人のお坊さんの養成などをしたうえで、なお自らを磨き切磋琢磨するのがあるべきお坊さんの姿なのですが、実際はお布施を当てにした葬式や法事しかしていない、とお坊さんを揶揄《やゆ》する言葉です。一般の方々からすれば、お坊さんが本来やるべきことを放り出して、お布施ばかりを求めているようにしか見えないわけです。

もちろん、当のお坊さんたちにしても、葬式や法事しかしないお坊さんがいいお坊さんだとは思っていないのです。

しかし、いいことか悪いことかは別にして、現在のお坊さんの大多数が、葬式や法事で飯を喰っている「葬式坊主」であることは間違いありません。

⑩コロナ禍での「不要不急」

令和二年三年と、新型コロナウイルスが全世界で猛威を振るいました。わが国でも、たびたび「緊急事態宣言」が発出されました。コロナウイルスがきわめて強い感染力を持っていることから、「感染拡大を予防する新しい生活様式」として「三密」を回避することが求められるようになりました。「三密」とは、密閉・密集・密接の三つの「密」のことです。密閉とは、窓が小さかったりして換気がしにくい状態のことです。「密集」とは、人がたくさん集まったり、また少人数でも近い距離で集まることです。「密接」とは、人と人が互いに手が届く距離での会話や発声、運動などをすることを意味します。感染拡大を防ぐ対策として、ソーシャルディスタンス（社会的な距離の確保）が提唱されました。

宗教活動にも多大な影響がありました。お寺の境内や本堂に人々を招いての宗教儀式や、通夜・葬儀・法要なども「三密」に該当するとされました。企業がインターネット回線を使ってのテレワークやオンライン会議を実施するようになると、オンライン葬儀やオンライン法事が試みられるようになりました。親族や知人が現地に集合することを控えるようになり、人が集まらなくなった結果として、省略・簡素化のベクトルがさらに強くはたらくようになりました。

コロナ禍以前からあった「家族葬」ブームの上に「三密」回避ですから、葬儀・法要は危機的な状況に陥っていると言っても過言ではないと思います。コロナ禍では、旅行・宿泊・飲食などの業界も大打撃を受けましたが、しかし、いずれコロナ禍が終息したらそれらの事業者にはお客様が還ってきて以前の状態に戻ることは、誰の目にも明らかです。他方、葬儀・法要はどうでしょうか？　コロナ禍が去っても、葬儀・法要は以前の状態には戻らないだろう、というのが大方の予想です。そうなると、お坊さんは当然、致命的な打撃を受けることになります。

最近では、お寺の宗教儀式をオンラインで定期的に実施しているとの話も、ほとんど聞かなくなりました。

宗教活動は、その場に身を置いて、その空気に触れ、五感で感じ、心を動かされるものかもしれません。緊急避難的にはオンラインもやむを得ないでしょうが、現地に足を運んでこその宗教行事だと思っているお坊さんは多いような気がします。

⑪新興系の宗教の浸潤

終戦後の混乱期には、日蓮宗系の創価学会の大躍進がありました。創価学会の活動は、私たち浄土真宗系が攻撃の対象であったのだろうと思えるほどで、真宗系寺院は今でも、創価学会に門信徒を略奪されたという認識を持っています。座敷の仏壇を庭に運び出し、火をつけて燃やすのですから、かなり衝撃的でした。創価学会にアレルギーを持っている真宗系のお坊さんは今でも多いと思います。

戦後すぐの創価学会は「家」を対象に布教活動をしました。それから後は、キリスト教系、仏教系、神道系など、さまざまな宗教が、とりあえず「個人」をターゲットに布教をする戦略を取っているようです。とりあえず「個人」を信者にして、その人のつながりで、友人・知人・家族・親族等への伝播を試みており、「家」の意識は薄くなっているように感じます。このような新興系宗教は、たとえば、ヨガや趣味の会や悩み相談、ハイキング、ミニコンサートなどを入り口にしていて、比較的若い層がターゲットになっています。

称讃寺の檀家の「家」でも、若い夫婦が新興宗教のイベントに参加しているとの話をちょくちょく耳にするようになりました。家の座敷には仏壇がありますが、プライベートルームには新興宗教の礼拝のモニュメントを置いてあるとの話もよく耳にします。若い世代の人々が、既存の仏教に興味を示さなくなりつつあるのは、新興宗教の個人への浸潤も大きな原因になっているのではないかと感じます。

⑫それでは、お寺やお坊さんの社会的使命は何だろう。

浄土真宗のお寺は、民家のお座敷に人々がお聴聞をしに集まっていたのが、だんだん大きくなり、発展して出来上がったものだとされています。お寺がだんだん経済的な基盤を確立してくると、天台宗や真言宗等の歴史の古い寺院の建築様式や庭園の様子を真似るようになりました。近代になると、末寺の形態はどの宗派もほぼ同じで、外見で区別することが困難になってきています。かかっている看板を見てはじめてそのお寺の宗派・宗旨が分かるということも珍しくありません。境内に本堂と庫裏、鐘楼と山門があるのが一般的で、宗派によっては太子堂などがある場合もあります。本堂の外観でもっとも目立つのは適度な反りがある大屋根で、大変風格と威厳があり、その存在感は素晴らしいものです。この大屋根自体が、お寺の看板と言ってもいいと思います。

本尊を安置するところが本堂です。浄土真宗の本堂の内部は、内陣と外陣に分かれています。ほぼ正方形の本堂の奥の方の半分弱が内陣で、入口の方の半分強が外陣です。内陣と外陣は巻障子で区切られています。浄土真宗のお寺の内陣は極楽浄土をイメージしています。中央に須弥壇《しゅみだん》と宮殿があり宮殿内には本尊の阿弥陀如来立像が安置されています。外陣から見て右脇壇には親鸞聖人の絵像、左脇壇には蓮如上人の絵像が掛かっています。右余間壇《よまだん》には聖徳太子の絵像、左余間壇には七高僧の絵像軸が掛かっています。それぞれの末寺は、本山本願寺の阿弥陀堂を真似てつくられています。

外陣は、一般の方々がお参りしたり、お坊さんの話をお聴聞するための場所です。一般的には畳を敷いています。天井が高くて開放感のある空間です。

宗教儀式の時は、内陣に僧侶が入堂し、外陣にも別の僧侶が着座して、執り行われます。とても、厳粛な空間です。一般の方々は外陣でお参りします。

お坊さんの重要な使命としては、お寺の本堂での儀式や法要や葬儀などを掌《つかさど》ることが挙げられます。

故人様の年忌法要はその家にとっては大変重要な儀式です。お坊さんが読経し皆が焼香し、タイミングよく、短くもなく長くもないチョット気の利いた法話をして、その後食事をしながら歓談をします。招待された親戚の方々も法事に来てよかったなぁ、と思い、主催した家の方々も、法事を執り行ってよかったなぁと思えるような法事のムードをつくるのもお坊さんの責任の一つでありました。法要の席を通じてご当家の皆さんや親戚の方々と親しくなり、話の中に仏教的なスピリッツを少し取り入れることなどによって最先端の布教の場となったりもしていました。

近頃では、お坊さんの法務が土日祝日に集中したりして、お経を読み終えたらすぐに次の家に移動するケースが多くなったり、主催者の当家の側も、お坊さんとの交流を期待しないケースが増加している気がします。当のお坊さんの方も、お経を読むことだけが自分の責任で、読経が終わればお布施を頂いてサササッと帰りたいと思っている人が増えているような気がします。

ですから年忌法要などについては、お坊さんと主催者の当家の両方の意識の変化も重なって、儀礼的・儀式的な傾向が強くなりつつあり、手間暇とお金をかけて実施して、良かったなぁとの結果に結び付きにくくなっている現状があります。

結果的に、お付き合いの少なくなっている親戚には声をかけなくなったり、故人様の直系の子や孫で実施したり、家族だけで行ったりと、急速に規模が小さくなっています。

葬式の方は、昭和の中頃までは、菩提寺のお坊さんがプロデューサー兼ディレクターでした。前述したように、多くの方々の協力で葬儀が実施されていました。自宅葬の場合は、自宅に祭壇を組んだり、生花やお供え物を用意したり、火葬の段取り等についても、ご葬家の意向を酌みながらあれやこれやと手配・指図していました。ご葬家の方もお坊さんを頼りにしていました。

昭和の中頃以降、葬式の際の人的な手間暇を代行する葬儀会社が出てきました。葬儀会社がやることは、当初は、祭壇の組み立てや生花や供え物の段取り、棺や仏衣の用意等に限られていましたが、だんだん、司会から霊柩車・会葬礼状までと葬儀に関するすべてのことを手掛けるようになりました。

当然、喪主は葬儀の段取りについて葬儀社と打ち合わせをするようになりますので、菩提寺のお坊さんとの打ち合わせは、通夜や葬儀の日時についてだけになってしまったのが現状です。自宅で葬式をやっていた頃は、まだそれでも、喪主はお坊さんを頼りにしていましたが、葬儀の場所が葬儀会館などになると、お坊さんは、スケジュール通りにお経を読むのだけが役目となってしまいました。同じ金額のお布施を頂けるのなら、こちらの方が楽でよい、とお坊さんの側もこの流れに乗ってしまった節はあると思います。

前にも述べたように、昔は葬儀をすることは大変な事でしたが、その大変な葬儀をやり終えたあとは、ご葬家とお坊さんとの間により強固な信頼関係が構築されていたものでした。

現代では、そのようなことはなくなってしまいました。葬式は儀式化・儀礼化し、お別れショーの如きものとなり、宗教行事としての本来の意味合いが薄れてしまっています。ほとんどの家庭が家族葬を希望するようになってきたのも、また、経済的な余裕があるにもかかわらず、葬式無しの直葬を選択するケースが増えてきているのも、葬儀の意味が見いだせなくなっていることの表れかもしれません。

もともとお坊さんは、葬儀や法事、墓や仏壇についての総合的な専門家でありアドバイザーであったのですが、最近は誰もお坊さんにそういうことを期待しなくなりましたし、お坊さんの側も期待されても困ると考える人が多くなってきた現状があります。

仏壇は仏壇屋さん、墓に関しては墓石屋さん、葬儀に関しては葬儀社さんに相談しているようです。たしかに専門知識はあるでしょうが、直接業者に問い合わせた場合、お客様を取り込もうとして、他社と比べてもわが社が一番ですよ、ということになりがちです。

お坊さんからですと、客観的な目線でアドバイスができますので、相談者にとってはもっとも良いと思っています。

それ以外のお坊さんの役割としては、まず、檀家の皆さまからお預かりしているお寺の境内や建物などをしっかり維持管理していくことです。築二百年・三百年の寺院もあるでしょう。経年劣化で日常的にメンテナンスが必要になってきます。二百年・三百年よりも古い仏像や仏具、経典やお軸などを維持管理していくことはとても大変です。境内地の樹木も当然のことながら寿命がありますので管理は怠れません。多大な手間暇・労力とお金が必要になってきます。

ただ、時代が進むに従って、一般論として檀家の方々は菩提寺への関心が薄くなってきている現状があります。檀家の方々の共同所有の意識が薄れています。このことは、お寺のハードのメンテナンスに多額の費用が必要な場合、その費用の捻出に、ご協力いただけない檀家が増えていることを意味します。

いずれにしても、現状のお寺のハードを維持管理していくのもお坊さんの大きな責務でしょう。

もちろん、すべてのお坊さんが住職をしているわけではありません。

本山やその出張所である別院の職員として、宗門の発展や護持を目的に、日常業務に邁進している方もたくさんいます。彼らには宗門や本山から給料が支給されており、サラリーマンお坊さんと言ってもいいかもしれません。

また、笙《しょう》や篳篥《ひちりき》・龍笛《りゅうてき》や楽太鼓《がくだいこ》や鞨鼓《かっこ》などの古典楽器で雅楽の演奏をする、楽人《がくにん》と呼ばれるお坊さんもいます。

布教使として、本山や末寺で説法をして、仏教全般やその宗派の教義を広く普及するために活動しているお坊さんも大勢います。

近年は、墓地を分譲したり、境内地に納骨堂を建てたりするお寺が増えてきています。納骨堂に対するニーズが高まっていることが背景にあります。

また、終戦後は、境内地に保育園・幼稚園・こども園などを併設しているお寺が増えました。仏教的な感性・感覚にもとづく幼児教育や躾《しつけ》などが好感を呼んでいるようです。近頃は、デイサービス事業所やグループホームなどの高齢者施設を併設するお寺も出てきました。

東日本大震災後に、東北大学発で新しくできた、臨床宗教師という制度があります。宗教者として、終末期の方々の心に精一杯寄り添うことを目指して活動をしています。龍谷大学やカトリック系の大学にも広がりを見せていて、注目されている活動です。また、お坊さんや宗教者の専業ではありませんが、看取り士としての活動も芽生えています。

グリーフケアといって、最愛の人を亡くした家族に寄り添って、悲嘆からの立ち直りをサポートする活動も盛んになっています。

私事ですが、そういう私も終活関連の活動をおこなっています。少し紹介させていただくと、「上手に生きて、上手に死のう」を合言葉に、一般社団法人を立ち上げて、医療・介護、葬儀・墓・供養、相続・節税、保険・年金、生前整理・遺品整理など、多岐にわたる終活関連知識の普及活動と個別の方々の支援をおこなっています。

「いのちの電話」の電話相談員になっているお坊さんもいます。お話を傾聴して本人の気づきを促し、その悲しみを解消し、自殺を防止するための活動です。

「お寺おやつクラブ」といって、お供え物のお菓子などで、そのお寺で消費できないもの、いわば、余ったお供え物を各寺院に供出してもらい、集まった多くの品物を、必要とする組織や個人に分配する、との取り組みも大きな広がりを見せています。

お寺カフェ、お寺茶屋などを営業しているところもあります。風光明媚な庭園を眺めながら、コーヒーやお抹茶などを美味しく頂けるので、なかなか好評を博しているそうです。

「子供食堂」を運営しているお寺もあります。無料もしくはきわめて安い価格で食べ物を提供し、地域の貧困家庭へ手を差し伸べています。社会福祉協議会や地域の人々と協力して、また、「お寺おやつクラブ」に集まった食材などをも利用して「子供食堂」を運営するお寺は近年多くなりました。「子供食堂」は誰でもどこにでも設置できますが、お寺の駐車場や境内や建物を使ってもらいやすいことや、お寺が声をかけるとボランティアで手伝ってくれる人が集まりやすいこと、困っている人たちを助けよう、とのコンセプトとお寺のイメージが合致していることなどもあって、お寺の子供食堂はドンドン広がりを見せています。

お寺の境内地で、日曜朝市をやっているところがあります。近所の農家さんたちが、取れたての季節の野菜や果物や生花などを持って来て、販売します。農協や市場などには出荷できない規格外のものもたくさんあります。きわめて安価なのでお客さんにも喜ばれますし、農家の方も規格外の品物を販売できるということで、双方にメリットがあり賑わっています。家庭の不要な贈答品などを販売する人や、クリーニングをした古着などを販売する人も出てきて、毎週大変賑わっています。

小学校の児童を、下校時から親が帰宅するまでの間預かっているお寺もあります。宿題や予習復習をさせるなど、私塾のようなことをしています。夏休みや冬休みの午前中には、児童生徒がそのお寺に集まり、宿題や読書などをしています。高学年の子が低学年の子に教えたりしながらやっています。家庭内では、ダラダラしたり、いつの間にか漫画を読んだり、ゲームをしたりで兄弟喧嘩も頻発しますが、お寺に宿題を持っていくと、他人の目があることもあってか、集中してよくはかどると好評のようです。

住職や坊守さんが、地域のお役、たとえば民生委員・児童委員・教育委員・保護司等を引き受けていることもあります。

台風や地震等の緊急災害時には、物資の集積所や人々の避難所としてお寺の施設を提供する旨の協定を結んでいるところもあるようです。

大きく変化している社会の中にありながらも、少しでも地域に貢献したい、そんなお寺の意思が、いずれの例にもよく表れています。

このような活動は、規則などの決まり事をつくって網をかけて施策を行う行政よりは、もっともっと小さいメッシュで地域社会を把握して、応病与薬的にそれぞれの事情を把握できる点などからも、今後大変重要な活動になることと思います。

日本全国には、お寺はコンビニの数ほど、六万〜八万ヶ寺もあると言われています。前述したような活動をしているお寺は目立ちますが、その中では、ほんの一部にすぎません。大多数のお寺は、沈黙状態です。そのお寺のロケーションもあるでしょうし、住職や坊守さんの性格・人柄・資質などにも左右されますが、自分に合った方法で地域社会に貢献する方法を模索すべき時期に来ていると強く思います。

⑬まとめてみると

江戸時代後期から明治・大正・昭和・終戦後の昭和四十年頃までは、新興宗教の攻勢など、いろいろ紆余曲折がありながらも、既存仏教や寺院、僧侶たちは、生き生きしていました。時代に即したお寺の運営がなされ、布教活動も盛んに行われ、地域の住民や門信徒の方々もお寺と一体化していました。

　その後、高度経済成長期に突入し、新幹線や高速道路が整備されるころになると、それぞれの家庭や社会、生活様式が一変していきます。それからの現代までの五十年、社会は猛スピードで目まぐるしく変化してきました。共稼ぎ、核家族化、転勤族、単身家庭、メディア社会、インターネット社会、断崖の世代、ひとり親世代、等々、時代を象徴することばです。そんなふうに家庭環境や地域社会が大きく変化しているのにもかかわらず、お寺やお坊さんたちは、旧態依然の活動しかできていませんでした。

　後に述べますが、基本的な仏教哲学の部分は、時代や社会が変わっても変化するものではありませんし、変えるべきではないと思います。しかし、普遍の仏教哲学を現代の人々にどう伝えるか、という布教の部分においては、家庭や地域社会の中での一人ひとりの立ち位置の変化や、皆の興味・関心の変化、伝えるツールの変化にも機敏に対応して、臨機応変な戦略を取るべきでした。およそ二五〇〇年前の釈尊の応病薬説法です。お寺やお坊さんはものの変化について行こうとしなかったのか、ついて行けなかったのか、結果的には、取り残されてしまったというのが現状かもしれません。

　これからは、目まぐるしく社会が変化していくことを前提にした上で、素晴らしい仏教思想をどう伝えるか、いかに多くの方にファンになって頂くかを常に考えつづけ、試行錯

誤することが求められます。地域の中でのお寺の存在意義も同様です。地域社会にお寺がどのように貢献すべきなのか、常に自問自答すべきです。
時代の変化に柔軟に対応できずに今日に至ってしまったことについては、個々のお寺の住職にも責任はありますし、宗派・宗門全体を牽引していくべき宗門執行部にも大きな責任があると思います。

第三章　本山について・本山の役割

私が住職を務める称讃寺は、浄土真宗本願寺派に属しています。

親鸞聖人を宗祖とし、『教行信証』を拠りどころとしている、いわゆる真宗は、真宗教団連合として、お互いに認め合い協力しあっている宗派が十あります。

・浄土真宗本願寺派
本山・本願寺（通称西本願寺）　京都市　一万一千ヶ寺
・真宗大谷派
本山・真宗本廟（通称東本願寺）　京都市　八五〇〇ヶ寺
・真宗高田派
専修寺（通称高田本山）　津市　六三〇ヶ寺
・真宗興正派
興正寺　京都市　五〇〇ヶ寺
・真宗佛光寺派
佛光寺　京都市　四〇〇ヶ寺
・真宗木辺派

錦織寺　野洲市　二〇〇ヶ寺
・真宗出雲路派
毫摂寺　越前市　六〇ヶ寺
・真宗誠照寺派
誠照寺　鯖江市　六〇ヶ寺
・真宗三門徒派
専照寺　福井市　三〇ヶ寺
・真宗山元派
證誠寺　鯖江市　二〇ヶ寺

この真宗教団連合の十派はお互いに認め合っていて、布教の行事などで協力しています。一方で、近頃、京都本願寺派とか東京本願寺派等が形成されていますが、これは真宗大谷派（東本願寺）から分離・独立した派で、合意の上での分派ではないので、教団連合には所属していません。本願寺派から分かれた親鸞会も同様です。その他にも、稲田の西念寺や願入寺などの宗派や、本山から離脱した大規模な単立寺院もあります。一般の末寺でも本山から離脱したところが数多くあります。
これらすべてが真宗系寺院と言ってもいいのかもしれません。

真言宗も古義派・新義派に分かれ、真言宗十八本山会が形成されています。

古義真言宗系

・教王護国寺　東寺真言宗総本山
・金剛峯寺　高野山真言宗総本山
・善通寺　真言宗善通寺派総本山
・随心院　真言宗善通寺派大本山
・醍醐寺　真言宗醍醐派総本山
・仁和寺　真言宗御室派総本山
・大覚寺　真言宗大覚寺派総本山
・泉涌寺　真言宗泉涌寺派総本山
・勧修寺　真言宗山階派大本山

・朝護孫子寺　信貴山真言宗総本山
・中山寺　真言宗中山寺派大本山
・清澄寺　真言三宝宗大本山
・須磨寺　真言宗須磨寺派大本山

新義真言宗系
・智積院　真言宗智山派総本山
・長谷寺　真言宗豊山派総本山
・根来寺　新義真言宗総本山

真言律宗系
・西大寺　真言律宗総本山
・宝山寺　真言律宗大本山

天台宗や日蓮宗、曹洞宗や臨済宗にも多くの本山・宗派が存在しています。

①本山

本山は、仏教の宗派内において、特別な位置づけをされている寺院を指します。上方《じょうほう》本寺《ほんじ》ともいいます。宗派の中枢機能を有する寺院も多いです。対義語は末寺《まつじ》。末寺とは、本山の支配下にある寺院を指します。

もともと本末制度は、江戸幕府が仏教教団を統制するために設けた制度であります。一六三一年、江戸幕府は新寺の創建を禁止し、各本山に対して「末寺帳」の提出を義務付けました。これによって、各地方の古刹が形式的に特定の宗派に編入されることとなりました。

本山と末寺の関係性はさまざまで、末寺の別当等の役職を本山が直接選ぶというところもあれば、ただ末寺にその収入の一部を上納させているというだけの、経済的な関係があるにすぎない場合もありました。

本山寺院は、宗派を維持・発展する保障として末寺に上納金を求めました。

歴史的には、たとえば、戦国時代、延暦寺が青蓮院などを傘下に収め莫大な上納収入を獲得したことがあります。延暦寺はその後もさらなる上納収入を求めて、他宗派の有力寺院の末寺化を目的とした本末相論をたびたび起こし、仁和寺や北野天満宮、本願寺などにも末寺であることを認めさせたのでした。延暦寺は、日蓮宗二十一本山に対しても末寺になるように要求し、拒絶されると、これらの寺院を焼き払ったりしました（天文法華《てんぶんほっけ》の乱）。江戸幕府は、全国にあまたある寺院を管理・監督するために本末制度を整備したのですが、結果的に、それは多くの末寺に多額の上納金を強いて、本山を潤すことになったともいえるのです。

終戦後の宗教法人法は、「宗教団体が、礼拝の施設その他の財産を所有し、これを維持・運用し、その他その目的の達成のための業務及び事業を運営することに資するため」（第一条）、宗教団体に法人格を与えています。そして、包括団体と被包括団体を設定しています。私どもの寺でたとえれば、包括団体は「浄土真宗本願寺派」で、被包括団体がわれわれ末寺の宗教法人ということになります。

本願寺派には、日本全国に一万百三十ヶ寺の末寺があり、三万二千人の僧侶がいます。本山は本願寺（西本願寺）です。

本願寺には住職がいます。門主と呼ばれています。現在は、宗祖の親鸞聖人から数えて二十五代目の大谷光淳師です。

本願寺派には宗会があります。僧侶代表と門徒代表の宗会議員が各地より選抜され、宗派のあり方、予算の執行などについて議論します。国政でいえば国会に当たる機関です。そこで決まったことを執行する立場として、総長がいます。国政でいえば内閣総理大臣に当たります。宗会議員が宗派のあり方を議論して、総長が執行するとの構図です。きわめて民主的に運営されていると、宗派は自慢しますが、私はそうは思っていません……。

本願寺派の宗規には、寺院・僧侶及び門徒は、この宗派の経費を負担する義務を負う、とあります。この負担金を「賦課金」といいます。「冥加金《みょうがきん》」もあります。このように、現在では、各末寺と、それぞれの僧侶が宗門に税金を支払っています。また、宗門が指定する物品は、製造原価＋宗門への寄付分で価格が決められています。つまり宗門が指定する物品を購入すると、自動的に宗門への寄付を行うことになります。近頃の、浄土真宗本願寺派の予算規模は、およそ年五十億円です。

ところで、現代における宗派・本山の役割・責任とは何でしょうか？

・まずは、その宗門の教義を広く普及せしめ信者を増やす活動をする。
・本山寺院の護持・継承をする。

・宗教行事を執り行う。
・宗門内の、僧侶の資格を明確にして、僧侶を認定する。
・宗門内の、僧侶の資質を向上させるべく活動をする。
・宗門内の末寺の活動を援助する。

など、きわめて広範囲にわたります。

宗門内の寺院や僧侶が税金を支払い、集まったお金を、再分配して本山・本願寺の維持管理に充てたり、僧侶の資質向上、寺院の環境整備のための費用として使ったりしていますので、小さな行政組織と言ってもいいかもしれません。そうであるならば、私たち末寺の住職は、国政でいえば国民に当たるわけですから、宗会議員の選挙で投票し、納税している者として、お金の使い方、施策のあり方に意見や希望があるのは当然ということになります。

個人や家庭でも、あるいは会社や地方自治体などの組織でも、ふつう、長期・中期・短期に分けた目標を持っています。長期的な視点でのビジョンや目標の設置、それを達成するための中期的な施策の実施や検討。短期的には、直下の課題に対応すべく素早く果敢に行動するものです。

私たちの浄土真宗本願寺派でも、長期ビジョンが示されて、そのための重点プロジェクトが決められてはいます。たとえば、令和五年に予定されている、親鸞聖人誕生八五〇年・立教開宗八〇〇年慶讃法要の準備も進められています。

宗門の財政は、私たちのような末寺が負担している賦課金（税金）の占める割合が多いのが現状です。末寺の数が減少したり、末寺の寺院経営が厳しくなり、税金を支払うのが難しくなったりすると、宗門に集まってくる賦課金の総額も減少します。お茶やお華の家本制度も、師範の上納金によって成り立っていますから、師範の数が多いほど家本は裕福という事になります。

そう考えると、宗門に集まったお金は、末寺や僧侶の数が増えるような施策に再分配すれば、結果的に宗門の総収入も増加傾向が続くということになります。もちろん、固定費もありますし、維持管理費や行事の実施にともなう費用もありますので、支出の割合を検討することは、大変重要です。

コロナ禍の令和二年度三年度の本願寺派の賦課金は、一律三割の減額になりました。コロナ禍で末寺の寺院経営が相当厳しくなっていることを認識した上での措置であると思います。

さて、ここで議論になるのが、誰のための宗門か、ということです。主権在民との言葉があるように、日本の国家は国民のためにあります。国民一人ひとりが幸せを感じながら生活できるように政策を実施する責任を国は負います。

それでは、浄土真宗本願寺派が存在する目的とは何でしょうか？

宗教法人本願寺の寺法の二条・目的にはこうあります。

「親鸞聖人を宗祖と仰ぎ、浄土真宗の教義をひろめ、法要儀式を行い、僧侶、寺族、門徒、信徒その他の者を教化育成することを目的とし、その他この寺院の目的を達成するための業務及び事業並びに礼拝の施設などの財産の維持管理を行う。」

何とも分かりにくい条文です。誰のための本願寺教団なのでしょうか？　主権者は誰なのでしょうか？

お釈迦様は二五〇〇年前に「この世で生きていくことは「苦」である。」と定義しました。そして、「苦」の原因は私たちの「煩悩」にあることを見つけました。「煩悩」が無くなれば「苦」も無くなります。「苦」が無くなった世界を「悟りの世界」といいます。この世で感じる「苦」

を減らすべく、少しずつでも「煩悩」をなくす努力をして「悟りの世界」を目指す、これが仏教の目的です。

お釈迦様のこの考え方を信じて、「悟りの世界」を目指しましょう、というのが仏教という宗教です。

浄土真宗も仏教ですから、「煩悩」を滅して「悟りの世界」を目指すという目的は同じです。その方法として、親鸞聖人が確立した教義に則って「悟りの世界」を目指します。そうすれば、日常生活の中で「苦」を感じることが減少し、より幸せに生活できるようになります。自分の生きる意味と方向が定まり、煩悩だらけの自分に気づき、少しずつ正しい方向へと軌道修正しながら生きることができます。これが、浄土真宗の救いです。

しかしこれは、自分だけが救われればいいということではありません。宗教ですから、究極の目的は、多くの人々を幸せに導くことです。

そう考えますと、仏教の主役は、多くの信者や、これから信者になる人、さらに末端で布教活動をおこなっている末寺や僧侶ということになります。

したがって、何のために浄土真宗本願寺派があるかといえば、多くの人々に浄土真宗を信仰して頂き、「悟りの世界」を目指し、より多くの幸せを感じる日々を送って頂くためでしょう。ですから、その末端で日々布教・拡大をおこなっている僧侶のために、浄土真宗本願寺派という組織があり、規則があるのだと解釈すべきだと思います。

現在の宗法は、終戦後に作成されたものです。現代的な意義に則って改訂する努力も必要かと思います。

②本山・宗派・宗門の役割とは

本山・宗派・宗門の現代的な役割としては、集団で活動できるということがあります。

一人ひとりの僧侶、一ヶ寺一ヶ寺の能力や力には限りがありますが、目的を同じくした僧侶や寺院が集団をつくれば、大きな声、大きな力となることが可能です。そうして活動しやすい環境を整備していくのも宗門の役割と言えるでしょう。たとえば、

- 現代的な、新たな方法での教義の布教・拡大の方法を研究し、結果を広く伝えること。
- 寺院経営で、それなりに成功して、成果を収めている事例を広く紹介して、参考にしてもらう。経験交流の場をつくる。

・大きな視点で社会の中長期的な変化を予測し、それが寺院や僧侶に与える影響を考え、広く伝える。とるべき対策も、具体的に伝える。
・宗門全体での大きな布教活動、地区単位の布教活動、小さな地域での布教活動等、それぞれ戦略を立てて活動を支援すること。
・過疎化が進んでいる地域の寺院や僧侶のあり方を研究して、提言する。寺院の合併や統合についての相談体制を整える。
・新興住宅地域や人口が流入している地域においては、素早く僧侶を派遣して、寺院などの設立をしやすくするとともに、その活動の後押しをしていく。
・集団の力を生かして、各種メディアを利用し、認知度の向上をはかる。
・時代や社会の変化を研究し、大衆の興味・関心を分析して、布教活動や法話の切り口やネタをアドバイスする。
・組織として、個人個人の僧侶の資質向上に資するべく活動を行う。

右に列挙したような施策にお金を使っていただければ、個々の寺院が活性化し、一人ひとりの僧侶の資質が向上し、ひいては、浄土真宗の信者の数が増えたり、信者がより深く教義を理解したりすることにつながるのではないでしょうか。
そうすれば、仏教の目的の達成に一歩でも資することになります。
宗派・宗門には、そのようなお金の使い方をして頂くよう切に願います。

先にも少し述べましたが、本願寺派においては、各地域から僧侶と門徒の代表が選出されます。その方々を、宗会議員と呼んでいます。その宗会議員が宗会で議論して、活動の方向性を決定したり、予算・決算を承認したりします。宗門の立法やその他重要な宗務に関する議決を行う機関です。日本の国政でいうと､国会に当たります。総局は執行機関で、内閣に当たり、総長は内閣総理大臣に当たります。総長は宗会の負託を受けて、門主と相談しながら予算を執行します。きわめて民主的に見えます。明治時代に旧憲法下で議院内閣制が制定されるより前に、本願寺派の宗会制度は誕生した……と本願寺派は自慢しています。

現在地球規模でみると、香港やミャンマーなどで民主化を求める運動が活発になっています。会社等の職場でも、民主的な職場もあれば、そうでない職場もあるでしょう。
本願寺派の場合も、その内側は、民主的というにはほど遠いのが実情です。

たとえば次のような問題があります。

・選挙を経て宗会議員になることが、ステイタスになってしまっています。宗会議員を経験しますと、宗門内で、いわゆる箔が付きます。その箔を求めて宗会議員に立候補する人がいます。

・僧侶議員の場合、規模の大きなお寺の住職か前住職ばかりが立候補しています。ここでいう規模の大きなお寺というのは、歴史があって、門信徒の数も多く、経済的にも安定していて、宗会の業務に人手を取られても、日常のお寺の法務には影響のないようなところです。

・現状の宗会議員は、男性の高齢者がほとんどであり、女性や若者は皆無と言っていい。

・宗会議員の任期は四年ですが、実際は同一の宗会議員が何期にもわたって職を続けており、何十年もやっている人が多い。

・宗会議員として、宗派に対する、中長期的なビジョンを持っている人がほとんどいない。「今期の目標」のような、短期的なビジョンもないので、反省もなく、進歩もない。全員が与党でイエスマンばかりです。野党的な存在の議員を排除する風土があるので、真正面からの建設的な議論が行われません。

・総局は、公聴会と称して、各地域の意見を聴くような振りをしていますが、パフォーマンスだけで、具体的な提案も出ないし、公聴会での意見が取り上げられた例もほとんどありません。

私のように、宗門のあり方を批判的に見つめている僧侶は多くないと思います。他宗のお坊さんと話をすると、本願寺派は凄いねぇ、進んでいるねぇ、とよく言われます。たしかに、賦課金は徴収するもののほとんど何もしていない（ように見える）宗派が多いのも事実だろうと思います。

宗門内では、ある意味で門主は神格化されており、親以上の存在と言っていいと思います。門主の意向も考慮された総局の執行に疑義を唱えるのはタブー視されています。

私のように、宗門のあり方に批判的なスタンスで臨んでいる僧侶は、異端視されることがあります。しかし、私も含めて、もっと良くなってほしいと思うからこそ、批判的に見つめるのです。文句や意見もぶつけるのです。宗門にとっては、最大の味方だと気づくべきでしょう。

もっとも危険なのは、無関心です。自身が所属する宗派・宗門で、ちゃんと賦課金も納めているのに、宗派・宗門の決めたことややっていることに全く関心を示さない僧侶が増えてきました。総長が、施政方針を文章で表しても見てもいない、門主が消息を出しても読んでもいない僧侶が格段に多くなっています。宗派・宗門・本山が私たち末寺の僧侶を助けてくれるわけでもないだろうし、私たち末寺の僧侶も宗門の肩入れをすることはないから、宗門や本山、総長や門主の言動には興味がない、と言うのです。

これはひとえに、宗会や総局、執行部の責任です。長きにわたっての宗会の議論や総局の姿勢や門主の言動が、我々末寺や末寺の僧侶の方を向いてこなかった結果が、無関心僧侶を増やしてしまったのです。大いに反省をする必要があると思います。

それでは、末寺の僧侶は、何に関心があるのでしょうか？

・激動していくであろうこれからの社会の中において、どのような活動をして行くべきなのか？
・今後、小さな末寺は果たして生き残っていけるのか？
・小さな末寺が生き残っていくためには何が必要なのか？

・末寺が生き残れるかどうかの、統計的なボーダーラインを知りたい。
・今後、生き残っていくのは難しいと判断した場合、どのようなアクションを起こせばいいのだろうか？
・時代や社会が変化する中で、変えては行けない哲学、変えるべき手段とは何だろうか？

現在の本願寺派では、すべての末寺の一割強で本来の住職がいない状態です。他寺院の住職が代務住職として兼務しています。この数字を多いと見るか少ないと見るかは議論があると思いますが、その予備軍が相当数あると考えるのが順当だと思います。

浄土宗の正覚寺（京都）の住職で日経ＢＰの記者でもあった鵜飼秀徳師によりますと、「消滅可能性寺院」の割合は、全寺院で35・6％、本願寺派は32％、高野山真言宗は45・5％などとなっています。このように、末寺の底辺では、近い将来に生き残っていけるかどうかと気をもんでいる最中に、総長や門主がありきたりの建前の言葉を並べても、まったく関心を示さないのは当然といえば当然です。

「消滅可能性寺院」については、ほぼすべての末寺の僧侶の一大関心事です。このことについて宗門の積極的な取り組みや発言がない現状は、「消滅可能性寺院」は切り捨てる、という姿勢のあらわれだと一般的に解釈されてしまっていて、それがなお、宗門への無関心に拍車をかけているものと思われます。

宗門としては、すべての末寺、すべての僧侶が構成員となって、宗門が成り立っていること、言い換えれば、一ヶ寺一ヶ寺の寺院と一人ひとりの僧侶に支えて頂いて宗門という大きな集団が存在していること、すべての末寺とすべての僧侶が教化・教線の拡大の最前線に立っていることを理解し、一ヶ寺として、僧侶一人として、取りこぼさない・取り残さない、との姿勢を明確にする必要があります。大看板を掲げることが必要です。その姿勢が末端の僧侶たちに理解されてはじめて、僧侶たちは、総長・門主の言葉に関心を示すようになり、末寺や末端の僧侶も一体となって宗門全体の活動に向かうことができるのだと思います。

「阿弥陀如来はすべての人を必ず救う」との教義を基に活動している浄土真宗だからこそ、宗門は弱い立場の寺院や僧侶、苦しい立場の寺院や僧侶に寄り添う姿勢を示すことが必要です。集団が小さいうちは、その構成員の気持ちを引き付けて前へ向けるのは、比較的たやすいですが、大きな集団になると、皆の気持ちを同じ方向に向かせるのは大変難しくなります。

昭和の頃までは、宗会議員さんや総長さんは、いわゆる偉い人でした。威張っていました。現在は、そんな姿勢では誰もついてこないことを自覚しているだろうと思っています。

宗門としては、これからやっていきたい本山の行事などもたくさんあると思います。末寺や末端の僧侶の協力を要請したいこともあると思います。末寺の向こう側にいる多数の門信徒に呼びかけたいこともあると思います。本山・宗門・地方教区・末寺・末端の僧侶・多くの門信徒が一体となって盛り上げたいこともあると思います。大変大切なことです。一人ひとりの僧侶の協力が必要です。そのためには、一人ひとりの僧侶の想いを聞き入れて大切にして頂きたいと切に願います。


余談です。ひと言付け加えさせていただきます。浄土真宗本願寺派では、願機の手続き書類がきわめて複雑・煩雑です。以下の複数の書類に署名捺印の上、組長印、教務所長印をもらって本山宗務所に提出して下さい、という感じです。末寺から上がってくる数々の変更その他の届け出も、書類や署名に不備があると「認めてやらないぞ！」との上からの姿勢があらわです。

世間では、市役所などの行政手続きの簡素化やデジタル化が叫ばれています。本願寺教団も、もっと末寺や末端の僧侶のことを考えて、各種の変更手続きなどの大幅簡素化に今すぐにでも取り組むべきだと思います。

もう一つ余談です。本願寺教団のご門主様や宗会議員や執行部の役員は超偉い方々のイメージがあります。その超偉い方々に賛成・反対の意見を言ったり、議論を申し込んだりすることは、タブー視されてきましたし、今もそうです。しかし、これが、先に述べた無関心を呼んでいるのは明らかです。教団内部の国勢調査は実施されて、その結果も公表されています。しかし、世論調査はやっていません。数年に一回、外部委託で宗門内部の世論調査をやって、執行部の政策についての判断をしていくというのは、いかがでしょうか?

国政が民主党政権の時に事業仕分けと称して行政の無駄遣いを検証しようとの動きが盛んになりました。それにならって、五年か十年に一度、公正な外部機関に委託して、宗門内部の無駄遣いを洗い出す作業をすべきだと思います。宗教活動は利益を追求する活動ではありませんが、財務諸表を公開して、より効率的に無駄のない運営を目指すべきだと考えます。

内部で活発な議論が闘わされていない組織は、マンネリ化、無関心、無感動など組織硬直化の症状があらわれます。そうなってしまうと、もうその組織は衰退するベクトルしか

ないということを執行部は自覚するべきだと思います。

将来を担う若い人たちの活発な議論を良しとし、たとえ執行部の意向に反するような意見でも大きな眼で見守るという度量が必要だと思います。組織の活性化をはかるためにも、執行部が問題提起をして、意識的に議論を喚起することが必要かもしれません。

上から下への通達ばかりの組織においては、上の意向が尊重されるようにはなりますが、一方で、下の構成員が自ら考え、判断し行動するという当たり前の力を失い、困った時でも、危機的な時でも、常に上からの指示を待ち続けるだけになってしまうことは、当然といえば当然です。

教団の執行部は、世の中が昭和の頃のテレビ・ラジオ・新聞・雑誌等のメディアの時代から、インターネットの時代へと移り変わった今でも、最強の布教手段は全国津々浦々にある末寺での布教使による説教だと勘違いしている節があります。各末寺での行事は、門信徒にしか案内しておらず、その門信徒の参加数もみるみる減少しているのが実態です。まったく拡大再生産にはなっていません。高齢者執行部が、将来を見据えて真剣に若者と対話してこなかった結果だと思います。

第四章　伝えていくべきお釈迦様の仏教

これまで寺院衰退の原因や本山の役割などについて色々とお話をしてきました。

全国各地のお寺が苦戦しているのにはさまざまな理由があります。地域の過疎化や、儀式の小規模化、檀家制度の崩壊、戦後教育の影響、新興宗教の浸潤等々……。

しかし、時代が変わっても、寺院経営の根本が、仏教の教えにあることは変わりません。

ですから、ある意味、その場その場での寺院経営を見つめなおすためには、釈尊と親鸞（日本仏教の宗祖）の仏教的な思想の流れを振り返ることが有効だと思っています。


また、日本仏教の宗派は、ほとんど釈尊の原始仏教には触れません。

一般の方々も、僧侶たちも、釈尊の原始仏教の流れの上に、日本の今の仏教宗派が存在していることを再認識すべきだと思います。

釈尊の四諦八正道や因縁正起、諸行無常、中道などの根本的な考え方を踏まえると、現代日本の仏教宗派の考え方もより分かりやすく伝わるはずです。僧侶としては、自派の仏教教義を説く際には、釈尊の原始仏教を解説する責任があります。

たしかに親鸞が説くように、「苦」の原因である「煩悩」は臨終の際まで無くならないでしょうし、現代日本人は、漠然とでも死後の世界があると思っている人が圧倒的に多いようです。しかし、死後に極楽浄土に生まれたい、と本心から願っている人が、現在何人いるでしょうか。

いま生きている人々の「苦」には何も触れず、ただ阿弥陀仏にお任せして極楽浄土を目指しましょう、と説くだけでは、現代人の心に響かないのは当然だと思います。

釈尊の原始仏教が大木の幹だとしたら、現代の日本仏教の宗派は大木の枝に相当します。その枝の先に花が咲くのです。実がなるのです。

仏教を説く側も、聴く側も、そのことを認識した上で、人々の「苦」の解決に正面から向き合えば、現代の複雑な社会情勢の中で「苦」に直面している人の心に必ずや響くものと考えます。

それでは、私たちが直面している「苦」を取り除くためにはどうすればいいでしょうか。

この章では、釈尊の教えの内容を簡単に紹介したいと思います。

①中道《ちゅうどう》

苦行主義と快楽主義の両極端を否定した釈尊は、すこやかな精神と肉体によってさとりを求めることを勧めました。

中道とは、単に真ん中の道、どっちつかずの道という意味ではなく、両極端を離れた道のことを言います。

中道は、よく琴の糸にたとえられます。琴の糸は、たるんでいてはいい音が出ません。張り過ぎていては切れてしまいます。ちょうどいい張り具合の時に、きれいな音が出るのです。

人生も、それと同じで、苦行（張り過ぎ）も快楽（緩み過ぎ）もダメだと諭しました。

それから、ものの見方に関しても中道の概念が取り入れられるようになりました。

つまり、偏った見方をしないで、ありのままに見るという意味でも、中道という言葉が使われます。これを「如実知見《にょじつちけん》」と言います。

②四諦八正道《したいはっしょうどう》

釈尊が説いた四つの真理のことを「四諦《したい》」といいます。

(1)苦諦《くたい》

釈尊は「人生の真相は、苦である。」と定義しました。

これは悲観主義の立場に立っているのではなく、中道の立場から見ると、私たち（迷っている者）の人生は苦であるという、ありのままの事実を見抜いたということです。

具体的にどのような苦があるかというと、「四苦八苦《しくはっく》」が挙げられます。

「四苦」とは「生老病死」の四つの苦しみのことです。

・生苦　生まれる苦しみ　生きる苦しみ
・老苦　老いる苦しみ
・病苦　病になる苦しみ
・死苦　死ぬ苦しみ　死への恐怖

「生老病死」の四苦に以下の四つを加えて「八苦」と言います。

・愛別離苦《あいべつりく》　愛する者と別れる苦しみ
・怨憎会苦《おんぞうえく》　怨み憎む者と会う苦しみ
・求不得苦《ぐふとくく》　求めても得られない苦しみ
・五蘊盛苦《ごうんじょうく》　思うようにならない身体から生ずる苦しみ

(2)集諦《じったい》
釈尊はまた「苦しみを招き集める原因は煩悩《ぼんのう》である。」と定義しました。私たちは、苦しみの原因を外に求めようとしますが、実は、その原因は外にはなく、自らの内側の煩悩にある、との真理です。

私たちの想いは、常に自己中心的で、現実が自分の思い通りになることを望みます。釈尊は、この心が苦しみを生む根源だと見抜いたのです。

このように、私たちの心身を煩わし悩ます心のはたらきを煩悩と言います。

(3)滅諦《めったい》
「滅諦」とは、「苦（その原因である煩悩）を滅した境地が涅槃《ねはん》（さとりの世界）である。」

という真理です。人生は苦であり（苦諦）、その苦の原因は煩悩である（集諦）と見抜いた釈尊は、「滅諦」を説きました。

涅槃とは、煩悩の火が吹き消された、さとりの境地のことを言います。「煩悩が無くなる」というよりは「煩悩でなくなる」とのイメージです。

煩悩は、自己中心の心から起こるものなので、自らを悩ませ煩わせます。「煩悩でなくなる」とは、自己中心の心を離れ、何ものにもとらわれない平静で自由な境地のことですから、煩わされたり悩まされたりすることはありません。

(4)道諦《どうたい》

人生は苦であり（苦諦）、苦の原因は煩悩である（集諦）。苦（その原因である煩悩）を滅した境地が涅槃である（滅諦）と示した釈尊は、涅槃に至る方法を説きました。

それが「道諦」です。「道諦」とは、苦（その原因である煩悩）を滅してさとりに至る方法が「八正道《はっしょうどう》」であるということです。

八正道
・「正見《しょうけん》」正しい見解
・「正思惟《しょうしゅい》」正しい思索
・「正語《しょうご》」正しい言語
・「正業《しょうぎょう》」正しい行為
・「正命《しょうみょう》」正しい生活
・「正精進《しょうしょうじん》」正しい努力
・「正念《しょうねん》」正しい思いの持続
・「正定《しょうじょう》」正しい精神統一

この「八正道」の中で、一番根本的なものは、最初の「正見」です。「正しく見る」とは、偏った見方をせず、ありのままに見る（「中道」）ということです。正しく物事を見ること（正見）によって、正しく考え（正思惟）、正しい言葉を使い（正語）というように、それ以下のことが可能になるのです。

この八つの正しい道を歩むことによって、煩悩を滅し、涅槃に至ることができると、釈尊は説きました。

③因縁正起《いんねんしょうき》

仏教の根本原理をひと言でいえば、「縁起《えんぎ》」であると言えます。

「縁起」といえば、「縁起がいい・悪い」という言葉を思い出す人が多いと思います。

これは仏教の「縁起」という言葉から生まれたものですが、本来の仏教の意味とはまったく違います。

「縁起」とは、文字通り「縁《よ》って起こっていること」という意味です。

もう少し詳しく言うと、「縁起」とは「因縁正起」を省略したもので、「すべてのものは、因縁によって、仮にそのようなものとして成り立っている（生まれ起こっている）」ということです。

因と縁

「因」とは直接原因、「縁」とは間接原因のことです。

たとえば、ここに花が咲いているとします。これを「果（結果）」とすると、その種が「因」です。ただし、種があるだけでは花は咲きません。水・土・光・養分などのさまざまな条件がそろわなければ、花は咲きません。これが「縁」です。

花は、さまざまな因縁によって、はじめてきれいな花を咲かせているのです。

また、種を「果」とすると、花（もしくは果実）が「因」となり、さまざまな環境的条件などが「縁」になります。

このように、すべてのものは因縁によって成り立っているのですが、「因」「縁」「果」は、固定的なものではなく、それぞれの関係を表す言葉だということに注意が必要です。

すべてのものは、お互いに「因」となり「縁」となって、つながり合っているのです。このようなあり方を「縁起」と言うのです。つまり、「縁起」とは、「互いにもちつもたれつの関係にあること」と言ってもいいのです。

「縁起」とは、AとBが存在し、お互いが関わり合っているということではなく、関わり合いの中で、はじめてAとBが成り立っているということを意味します。

たとえば「聞き手」「話し手」という人が存在し、お互いが関わり合っているのではなく、「聞き手」によって「話し手」が存在し、「話し手」によって「聞き手」が存在するのです。

「兄と弟はどちらが先に生まれたのでしょう?」

当然、兄が先に生まれたと答えるのが普通でしょう。

しかし、縁起の教えから言えば、兄と弟は同時に生まれたのです。

なぜなら、兄は、この世に誕生した時、一人の男の子であって、兄ではありません。弟が誕生すると同時に、その男の子が兄となるのです。また、弟も兄がいるからこそ弟なのです。このように、弟によって兄が存在し、兄によって弟が存在する。

このようなあり方を縁起と言うのです。

④三法印《さんぼういん》

仏教の根本的な教えとして、「三法印」があります。

「法印」とは「仏教の教えの印」という意味で、仏教を特徴づける根本的な教えのことです。

これは、仏教と仏教以外の教えを区別する基準となるもので、これに反するものは仏教とは言えません。

「三法印」とは「諸行無常」「諸法無我」「涅槃寂静」の三つの教えを指します。

(1)諸行無常《しょぎょうむじょう》

「諸行無常」とは、「すべてのものは、瞬間瞬間に変化し続けている」ということです。「諸行」とは「すべてのもの」、「無常」とは「常ではない」ということです。常ではないといっても、人が、赤ちゃん↓子ども↓大人↓老人↓死人というように、段階的（生・住・異・滅）に変化する「段階無常」というのではありません。髪の毛や爪は、少しずつ伸び続けていますし、細胞レベルで考えれば、一瞬たりとも同じ状態では存在していません。

このように、瞬間瞬間に生滅変化を繰り返している「刹那無常」という意味で、無常と言われているのです。

(2)諸法無我《しょほうむが》

「諸法無我」とは、「すべてのものには、永遠に変わらない実体は無い」ということです。「諸法」とは「すべてのもの」、「無我」とは「永遠に変わらない実体（我）は無い」ということです。

釈尊以前のインドの哲学者たちは、身体と精神は変化するけれども、私の中に永遠に変化しない「私」という固定的な実体があり、その「私」は死後も永遠に不滅であると考えていました。インドでは、それをアートマン（我）と呼んでいました。現在の日本語で言えば、「霊魂」と言ってもよいかもしれません。

釈尊は、「諸行無常」の原理から、すべてのものが変化するのに、アートマン（我）だけが変化しないことはありえない、それは、いつまでも不変でありたいという私たちの欲望や執着がいだいたものである、と見抜いたのです。

(3)涅槃寂静《ねはんじゃくじょう》

「涅槃寂静」とは、「さとりの境地（涅槃）は安らか（寂静）である」ということです。「涅槃」とは梵語ニルヴァーナの音訳で、もともとは「吹き消された状態」という意味です。つまり、涅槃とは、煩悩の炎が吹き消された、さとりの境地のことを言います。そして、そのさとりの境地は、絶対安定の安らかな境地（寂静）であるというのです。

これら「三法印」の根本原理は「縁起」の法です。

すべてのものは縁起的な存在だからこそ、常に移り変わるのであり（諸行無常）、永遠に変わらない実体は無いのです（諸法無我）。そして、それをさとった境地は安らかなのです（涅槃寂静）。

「諸行」も「諸法」も日本語に訳すと「すべてのもの」という意味ですが、正確に言えば、両者には相違があります。

「諸行」の「すべてのもの」とは、因縁によってつくり出されたもの（有為）のことで、「物質」「人」のみではなく、状態や事柄もなども含みます。現象と言ってもいいでしょう。

それに対して、「諸法」の「すべてのもの」とは、因縁によってつくり出されたもの（有為）の他、因縁によってつくり出されたものではないもの（無為）、たとえば、原理や法則なども含みます。

ですから、たとえば「諸行無常という教え」は、「無我」ではあるけれども「無常」ではありません。

三法印に「一切皆苦《いっさいかいく》（一切はみな苦であるということ）」を加えて「四法印」ということもあります。

大乗仏教では、「涅槃」は静寂な境地であると同時に、積極的に利他（他をさとりに導く）活動をおこなう動的な境地である、と説かれるようになります。

第五章　浄土真宗　親鸞聖人の教え

僧侶は、自分が所属する宗派の教義を布教する責任を負っています。私は浄土真宗本願寺派ですから、本願寺派の教義を見つめます。

仏教は煩悩を滅してさとりを得ることが目的ですが、煩悩を滅することができない人はどうすればいいのでしょうか。それが、親鸞聖人が問題としたところです。

まず、はじめに、釈尊の教えを簡単に振り返ってみましょう。

◇自己中心の心（煩悩の根源）

人は、どんなにお金や権力や地位・名誉があろうとも、生まれたからには、必ず、老い・病み・死んでいきます。

その現実に直面した釈尊は、生老病死の四苦を解決しない限り、本当の幸せはない、と考えました。そして、すべての苦しみの原因は煩悩にあると見抜きました。いつまでも若くいたい、健康でいたい、死にたくない、などの思い、つまり、老病死を私にとって都合の悪いもの、マイナスだと思う心が、それらを苦しみにするのです。

私たちは、常に自分中心にものを見ており、「いい・悪い」「好き・嫌い」と、自分勝手な判断をしています。その自己中心の心こそが、煩悩の根源なのです。

自己中心の心は、私という永遠に変わらない実体があるという思い（我執）から起こってきます。

本来、私という永遠に変わらない実体（我執）は無く（無我）、すべては縁によって、仮にそのような状態として成り立っている（縁起）にすぎないにもかかわらず、私という永遠に変わらない実体があると思うから、「私が私が」という自己中心の心が起こってくるのです。

すなわち、「縁起」をさとれば、その心を超えることができるのです。

◇縁起・自他一如《じたいちにょ》

「縁起」とは、「すべてのものは、さまざまな因縁に縁って、仮にそのような状態として起こっている」ということです。また、「すべてのものは、持ちつ持たれつの関係にあり、その関係の中で、はじめて存在している」とも言えます。

そして、それは「私（自）と私以外のもの（他）は切り離せない」ということであり、これを「自他一如」と言います。

◇智慧《ちえ》と慈悲

本当の意味で「縁起」がわかった時、つまり、永遠に変わらない「私」という実体は無いということがわかり、「私」へのとらわれ（我執）が無くなった時、自己中心の心を離れることができるのです。そして、ありのままに、ものごとを見ることができます。

この「ありのままにものごとを見る力」を「智慧」と言います。

「智慧」によって「縁起」の世界が見えてきます。それは「自他一如」の世界ですから、自分さえよければいいという心は無く、他と共感する心が生まれます。

この、他の苦しみ、悲しみを共感するところから出てくる、憐れみ、慈しみの心を「慈悲」と言います。

「智慧」は必ず「慈悲」としてはたらき、「慈悲」は必ず「智慧」を伴います。

要するに、釈尊の教えは、「真実」「縁起」「自他一如」「智慧と慈悲」といった言葉であらわされるような世界なのです。そして、それを体得した時、煩悩（自己中心の心）を滅することができるのです。

それでは、ここから浄土真宗・親鸞聖人の教えについて見ていきましょう。

①煩悩具足《ぼんのうぐそく》の凡夫

仏教は、仏の教えであると同時に仏に成る教えですから、自ら煩悩（自己中心の心）を滅してさとる（真実を体得する）ことを目指します。

しかし、煩悩を滅することができない人は、どうすればいいのでしょうか。そこを、親鸞聖人は問題視しました。

ちなみに親鸞聖人は自らのことを「煩悩具足の凡夫」（煩悩が十分具わっている愚かな人間）と言っています。

そして、その凡夫のための仏教が、浄土真宗なのです。

親鸞聖人は、凡夫について、

「凡夫といふは、無明煩悩われらが身にみちみちて、欲もおほく、いかり、はらだち、そねみ、ねたむこころおほくひまなくして、臨終の一念にいたるまで、とどまらず、きえず、たえず、（一念多念証文《いちねんたねんしょうもん》）」と述べています。

②生き方の転換

煩悩を滅してさとりに至る（真実を体得する）のが仏教の目的ですが、親鸞聖人は、真実を求めれば求めるほど、真実から遠ざかる煩悩だらけの愚かな自分が見えてきました。煩悩を滅することができない自分は救われないのかと悩み、壁にぶち当たった時、法然聖人から教えを受けました。

それは、阿弥陀仏が、煩悩だらけの凡夫である私の救われる道として、念仏を選んでくれたのだから、その阿弥陀仏の御心にただ従えばいいとの教えです。これはさとりの概念の転換です。

つまり「真実を体得して、真実に生きる生き方」から「真実を仰ぎ、真実に生かされる生き方」へ転換したのです。

真実を仰ぎ、真実に生かされる生き方なら、煩悩だらけの私たちにも可能です。

釈尊は、さとりの内容（真実）を、すべてのものを必ず救うという阿弥陀仏の願い（本願）として説いていました。（『仏説無量寿経《ぶっせつむりょうじゅきょう》』）

親鸞聖人は、この『仏説無量寿経』こそが真実の教えである、と述べています。内容的に言えば、すべての人を必ず救うという本願の教えがそのまま説かれていますし、釈尊の出世本懐《しゅっせほんがい》（この世に生まれてきた本来の目的）が著されているからです。

仏とは、自らがさとって終わりではなく、真実をさとったがゆえに、真実がわからず迷い苦しんでいる者を、真実に導かずにはおれない方です。真実をさとる「智慧」は、必ず、迷い苦しむものを救う「慈悲」としてはたらきます。

つまり、「仏」とは、自らさとり他をさとらせる方（自覚覚他《じかくかくた》）です。このような仏の心から言えば、すべての人を必ず救うと願い、はたらき続けている阿弥陀仏の救い（本願）を説くことこそ、釈尊の出世の本懐であると言わなければならないでしょう。

「如来がこの世にお出ましになるわけは、仏の教えを説き述べて人々を救い、真実の利益（南無阿弥陀仏のお念仏によって得る利益）を恵みたいとお考えになるからである」（仏説無量寿経）とあります。

親鸞聖人著『教行信証《きょうぎょうしんしょう》』では、この部分を根拠に、『仏説無量寿経』こそ出世本懐の経であると述べています。

③阿弥陀仏《あみだぶつ》

釈尊は、今から約二五〇〇年前に、インドで生まれた歴史上の人物です。その釈尊が、三十五歳でさとりをひらいて仏陀（真実に目覚めた者）、つまり仏となったのです。

それに対して、阿弥陀仏は歴史上の人物ではありません。人間が創り出した単なる偶像でもありません。阿弥陀仏は「真実の世界から、真実を知らせるために、人格的に現れた仏さま」なのです。

真実には、嘘を破るはたらきがあります。

たとえば、「私は、誰の世話にもならずに、一人で生きている。」と言ったとしても、「あらゆるものと繋がり合い、生かされている。」という真実によって、その嘘は破られます。

このように、真実はどこかにあるのではなく、ありのままのあり方であり、真実でないものを真実に導くはたらきをするのです。真実には、そういう性質があります。

その真実のはたらきこそ、阿弥陀仏なのです。本来、真実のはたらきの阿弥陀仏には色も形も無く、はたらきそのものなのですが、色や形をたよりに生きている私たちに分かりやすくなるために、人格的に現わされているのです。

ですから、真実に導くはたらきを離れては、阿弥陀仏は存在しないのです。つまり、阿弥陀仏は、「真実の世界から、真実を知らせるために、人格的に現れた仏さま」であり、それは、信仰上ではじめて成り立つ論理なのです。

阿弥陀仏は「限りない智慧と慈悲の仏さま」でもあります。

インドの言語の語源では、「アミターバ」「アミターユス」です。「アミターバ」は「限りないひかり」、「アミターユス」は「限りないいのち」との意味です。「ひかり」は「智慧」を表し、「いのち」は「慈悲」を表します。「智慧」とは、ありのままにものを見る力、「慈悲」とは、本当の憐れみ慈しみの心のことです。

つまり、「阿弥陀仏」とは、「限りないひかりといのちの仏」「限りない智慧と慈悲の仏」との意味になります。

限りないひかりとは、真実を見せてくれる智慧のひかりです。その智慧のひかりが届いた時、自分ひとりで生きているのではなく、あらゆるものと繋がり合い、生かされている、という縁起の世界、自他一如の世界が見えてきます。その時、自分さえよければいいという小さないのちの世界が破られ、大きないのちの世界が開けてきます。そして、そこに、他の苦しみ悲しみを共感するところから起こってくる慈悲の心が、生まれるのです。

このような限りないひかりといのちの世界、限りない智慧と慈悲の世界に目覚めた方を「仏」と言います。

「仏」とは、「仏陀」を省略したもので、「さとった者」「真実に目覚めた者」との意味です。

そして、自らがさとってそれで終わりではなく、迷い苦しんでいる者をさとりに導こうとする者、つまり、「自覚覚他（自ら覚《さと》り、他を覚らせる）の者」でもありますから、阿弥陀仏とは、「限りない智慧と慈悲の世界に目覚め、他を目覚めさせずにおれない者」です。

このことは、「仏」のことを「如来《にょらい》」、つまり「真実の世界（真如《しんにょ》）から真実を知らせるために来た方」ということからも分かります。

「限りないひかり」は「空間的無限」を表し、「限りないいのち」は「時間的無限」を表すとも言われています。よって、「阿弥陀仏」は「空間的にも時間的にも無限の仏さま」、つまり、「いつでも、どこでも、誰にでも、はたらき続けてくださっている仏さま」なのです。

「仏」は、自らがさとるという自利の面（自覚）、「如来」は、他をさとらせるという利他の面（覚他）を中心に表す呼び名で、「阿弥陀仏」のことを「阿弥陀如来」とも言います。

阿弥陀仏とは、どういう仏さまかを表すのに、いろいろな表現ができます。

⑴阿弥陀仏は、「真実の世界から、真実を知らせるために、人格的にあらわれてくださった仏さま」

⑵阿弥陀仏は、「限りない智慧と慈悲の仏さま」（限りないひかりといのちの仏さま）

⑶阿弥陀仏は、「すべての人を必ず救うという願い（本願）をたて、はたらき続けてくださっている仏さま」（本願の項参照）

⑷阿弥陀仏は、「南無阿弥陀仏の言葉（名号）となって、私にはたらきかけてくださっている仏さま」（名号の項参照）

『仏説観無量寿経《ぶっせつかんむりょうじゅきょう》』には、阿弥陀仏の心について、「仏心とは大慈悲これなり」とあります。仏とは、「真実にめざめたもの（智慧を体得したもの）」という意味ですから、仏教は、もともと「智慧の宗教」であると言えます。

しかし、浄土教は、「慈悲の宗教」と言ってもよいでしょう。

浄土真宗も「慈悲の宗教」ですから、善悪によって裁かれる「裁きの宗教」とは違っていると言えます。

④本願《ほんがん》

釈尊は、さとりの内容（真実）を、「すべての人を必ず救う」という阿弥陀仏の願い（本願）として説きました。

以下が本願の内容です。（『仏説無量寿経』、四十八願のうちの第十八願）

設我得仏
十方衆生
至心信楽
欲生我国
乃至十念
若不生者
不取正覚
唯除五逆
誹謗正法

（私が仏になるとき、すべての人々が、私の願いが真実であると疑いなく受け容れ、私の国（浄土）に生まれると思って、わずか十回でも念仏して、もし生まれることができないようなら、私はさとりを開きません。ただし、五逆の罪を犯したり、仏の教えを誇るものだけは除かれます。）

自己の願いをかなえることばかりを追い求め、自他ともに傷つけ、迷い苦しんでいる私たちが、阿弥陀仏の願い（本願）に出合うことによって、自らの愚かさに気づかされ、正しい道に導かれ育てられていくのです。

他力本願《たりきほんがん》

「他力本願」の「他力」とは「阿弥陀仏のすべての人を救う力・はたらき」のことです。「本願」とは、「阿弥陀仏のすべての人を必ず救うという願い」のことです。「本願力」とも言います。

親鸞聖人は、「他力といふは如来（阿弥陀仏）の本願力なり」（『教行信証』）と示しています。

つまり、「他力本願」とは「阿弥陀仏の力であり、すべての人を必ず救うと願い、願い通りに救うはたらき」のことです。

⑤自力と他力

仏教（浄土真宗）で自力・他力を語る時には、日常生活での人間の行いに関して、自力・他力を述べているのではありません。仏のさとりを求める（真実を体得する）ことに関して、述べているのです。

この場合、自力とは、「自分の力・行い」というより、「自分の力・行いに価値を認め、当てにすること」。他力とは、「阿弥陀仏の力・はたらき」であり、「阿弥陀仏をたのみにすること、そのはたらきを受け容れること」です。

さとりを求めるということに関して、私の行いは当てにならない、私の力ではどうしようもないということを見抜き、はたらき続けているのが阿弥陀仏であり、そのはたらきが「他力」なのです。

「他力本願」の生き方とは、自分で何もせず他に頼る生き方ではありません。自己中心の心から離れられず、真実に背いた生き方をしている私が、阿弥陀仏のはたらきに出合うことによって、自らの愚かさに気づかされると同時に、少しずつではあるけれども、真実の生き方へと方向転換されていくような生き方なのです。

⑥南無阿弥陀仏《なむあみだぶつ》

「南無・阿弥陀仏」とは、「阿弥陀仏を依《よ》りどころにします・たのみにします」と解釈している方が多いかもしれません。

親鸞聖人は、「南無」は「私にたのんでください。必ず救います」という阿弥陀仏の「喚《よ》び声」だと言っています。

つまり、「南無阿弥陀仏」と称えることは私の行いであるけれども、実は、仏のはたらきが私の上に現れたような行いなのです。

私が称えているままが、仏が私にはたらいている姿なのです。「南無阿弥陀仏」の名号《みょうごう》を通じて、限りないひかりといのちの世界に触れるのです。それは、教えを聴くことと同じであると言ってもいいと思います。

私が仏のはたらきを疑いなく受け容れる信心によって、浄土に生まれるのです。これを、「信心正因《しんじんしょういん》（信心が浄土に生まれる正しい因）」と言います。

では念仏とは何かといえば、仏さまに対してありがとうという報恩感謝の意味になるのです。これを「称名報恩《しょうみょうほうおん》」と言います。

つまり、念仏とは、私を真実に導く仏さまの喚び声であると同時に、私の側から言えば、ありがとうの報恩感謝の意味になるのです。

「信心正因・称名報恩」は浄土真宗の大切な教義の一つです。称名正因ではないことに注意が必要です。

浄土真宗の「信心」とは、私が信じる心ではなく、「阿弥陀仏の救いのはたらきを、疑いなく受け容れた心」のことを言います。

つまり、阿弥陀仏からいただいた心であるということで「他力回向《たりきえこう》の信（阿弥陀仏からいただいた信）」と言われています。「他力」とは、阿弥陀仏の本願力、「回向」とは、私の方へ回らし振り向けるということで、「他力」も「回向」も阿弥陀仏のはたらきを表しています。

また、「私は罪深い凡夫であり、迷い続けている存在であると深く信じること」を機の深信《じんしん》といい、「阿弥陀仏は、そのような私を必ず救ってくださるということを深く信じること」を法の深信といいます。

この二つを二種深信《にしゅじんしん》といいます。

⑦悪人正機《あくにんしょうき》

『歎異抄《たんにしょう》』第三条

善人なほもて往生をとぐ、いはんや悪人をや。

（善人でさえ浄土に往生できるのです。まして悪人は言うまでもありません。）

「悪人正機」とは、「悪人こそ、阿弥陀仏の正しい救いの対象である」ということです。

「悪人正機」の悪人は、法律や道徳を基準にした悪人ではありません。仏教を基準にした悪人です。

仏教では、さとりに近づく行為が善で、遠ざかる行為（近づけないこと）が悪となります。それらの行為をする人を善人・悪人と呼んでいます。

つまり、善人とは、自分の力で善業を積み、往生成仏を目指す人（自力作善《じりきさぜん》の人）。悪人とは、自分の力で善業を積むことのできない人、煩悩が十分具わっている愚かな人（煩悩具足のわれら）のことです。

厳密には、善人とは、善行が積める人というよりは、積めると思い込んでいる人。悪人とは、仏の教えによって、自分の煩悩・罪悪に気づかされている人のことです。

さらに、その悪人とは誰かと具体的に問われれば、「私」のことなのです。仏の教えに出逢った時、自らの煩悩・罪悪が明らかになります。そして、悪人とはこの私のことであったと気づかされるのです。

・浄土真宗の救い

浄土真宗の救いとは、生きる意味と方向が定まることです。自己中心の心から離れられず、迷いの人生を生きている私に、智慧と慈悲の世界が与えられることによって、人生のあらゆることに尊い意味を見いだすことができるようになるのです。

そして、さとりという真実の世界へ向かって生きることが、本当の人間の道であると、生きていく方向が定まるのです。私中心の生き方から仏中心の生き方へと転換して、生きる依りどころが定まった時、どんな苦難をも乗り越える智慧と勇気が与えられるのです。浄土真宗の究極的な救いは「この世のいのちが終わると同時に、浄土に往生して成仏する（さとりを開く）こと」です。

このことは、決して未来の救いのみを説いているのではありません。信心をいただいた時に、往生成仏が定まり救われるのです。これを「現生正定聚《げんしょうしょうじょうしゅ》」と言います。

つまり、信心をいただいた時、念仏という生きる依りどころが定まり、浄土という真実の世界に導かれながら、その世界に向かって生きるという生き方が与えられます。それを救いと言います。

浄土真宗では、浄土に往生してさとりを開いて終わりではなく、その後この世に還ってきて、迷っている人々を救うはたらきをすることになります。

仏のさとりは、智慧と慈悲の体得、自利利他の完成です。自分がさとって終わりでしたら、それは仏のさとりではありません。

浄土に往生することを「往相《おうそう》（往く相）」、浄土からこの世（穢土《えど》）に帰ってきて、人々を救うはたらきをすることを「還相《げんそう》（還ってくる相）」と言います。

往相も還相もすべて、阿弥陀仏のはたらきによるものです。「回向」との言葉で表し「往相回向」「還相回向」と言います。「回向」とは、阿弥陀仏から私たちに回らし振り向けられたとの意味です。

第六章　寺院経営の指針

浄土真宗本願寺派が教団として「お寺のビジョン作成研修」と銘打って、一ヶ寺ごとの持続的で実行可能なお寺のビジョンを作成しようとの壮大な計画を実行に移しました。素晴らしいことだと思います。若い松本紹圭師・井出悦郎氏の功績が大きいと思います。宗門も「ビジョン」の大切さを認識したんだなぁ、と感激しております。が、私個人的には、遅きに失したとも思っています。全国のお寺が元気なうちにやってほしかったことです。

私たちお坊さんが日常的にお寺を運営していること、お坊さんが活動している事を「寺院経営」と言います。

日常の業務に追われて追われてすぐに一日が過ぎてしまい、気が付いたら、半年・一年がアッという間に過ぎていました、などとお坊さんはよく言います。

しかし、お坊さんはそもそも何のために日常の業務（法務）をこなしているのでしょうか？

・生活資金を得るため、家族を養うため
・門信徒からの法事や葬儀の依頼に答えるため
・お寺の修繕資金を捻出するため

・子どもの大学進学資金をつくるため
・自分の老後の資金をつくるため

実際のところ、このような目的のために法務をこなしているお坊さんが多いのではないでしょうか？

将来、このようなお寺にしたいので、今、頑張って取り組んでいます、との目的意識が欲しいところです。

営利を目的とする一般企業は、たとえば来年の売り上げ総額を今年の一割増しにしよう、とか、純利益を増やそう、とかの目標を持ち、そのための戦略を立てて活動しています。その目標や戦略の差がお寺の違いになってくるのです。

①お寺は、どこも皆同じではない！

お寺は、立地する地域、規模（檀家の数）宗派の違いこそあれ、法事をして、葬式をして、年間の宗教行事を行い、建物や境内の維持管理をしているのだから、多少の差こそあれどのお寺も同じではないか？　と考える方がいれば、それは大間違いです。

たとえば、うどん屋は皆同じですか？

お寺のような宗教法人とうどん屋とを比較するのはいかがなものかと思いつつ、私が住んでいる香川県は讃岐うどんが有名で、いたるところに美味しいうどんを提供してくれるうどん屋さんがあります。不謹慎なのを承知の上でうどん屋さんを分析してみます。

・客席に着いたら、お水とおしぼりとメニューを持って来てくれて、品物も客席まで持って来てくれる、フルサービスのお店。メニューのバリエーションも多い。お店の雰囲気、接客態度、食器やトレーにまで気を使っている。価格は少し高め。

・フルサービスのお店だが、うどんと他のおかずやご飯のセットメニューを売りにしているお店。

・セルフサービスで、カウンター越しに、たとえば「肉うどんの二玉」「ざるうどんの一玉」などと注文して、好みのトッピングなどを取って、会計を済ませてから席に着き、食後は食器を返却口へ返す。麺やだし汁、トッピングにこだわりを持っているお店が多い。比較的安価。
・木製のたらいに入った釜揚げうどんと熱い出汁が入った大きめの徳利のみのメニューで、いつもほぼ満員のお店。
・少し時間はかかるけれど、注文があってから麺を茹で、天ぷらを揚げて、でき立てアツアツを提供して繁盛しているお店。
・うどん麺の伸ばしや茹がきをガラス越しに見せる演出で手打ち感をアピールしているお店。
・夫婦だけでやっている、十席程度のお店。
・パート従業員さんもいる、五〇～八〇席のお店。
・単独の店舗で頑張っているお店。
・地域に同一店舗の名前でチェーン展開しているお店。
・フランチャイズも含めて、讃岐うどんで全国展開しているお店。
・親方や経営者の個性で繁盛しているお店。
・いつでも、同じ味、同じサービスを売り物にしているお店。

いろいろあります。うどん屋さんに限らずどのような業界であっても、それぞれが個性を持っています。

お寺も同様で、よく見てみるとそれぞれに違いがあります。あのお寺は素晴らしい。このお寺もよく頑張っている。そのお寺はダメだね……。と、感想を持ったうえで、理想のお寺や住職を思い浮かべてみて下さい。千差万別かもしれませんが、それが将来のお寺ビジョンとなるのかもしれません。

「将来こんなお寺をつくり上げて、こんなことをしたい。」との目標を持ってお寺のハードやソフトつくりを計画的に実行していくことは、そのお寺にとっても、門信徒の皆さんにとっても、地域の方々にとってもとても有用なことだと思います。逆の言い方をしますと、のんべんだらりと、お日さん西西の運営をしているお寺は、いずれ立ち行かなくなってしまう可能性が大きいということです。

②寺院経営の指針を作成しよう

Ⓐ寺院経営の理念

お寺は何をするために存在するのか？　お寺の存在意義は何なのか？　お寺の活動の目的は何なのか？　お寺の永遠の理想像と言ってもいいかもしれません。

Ⓑお寺のビジョン

Ⓐの「理念」をどのように実現するか。それを明確にするのが、お寺のビジョンです。「理念」を思い描くだけなら、それはまさしく絵にかいた餅になってしまいます。「理念」を実現する方法を明らかにすること、これがお寺のビジョンです。

Ⓒ寺院経営の計画

理想のお寺像が明確になり、Ⓑでその方向に向かって進んでいくことを確認しました。それでは次に、具体的な計画を立てることが必要となります。それが寺院経営の計画です。Ⓐの理想とする寺院のイメージが高ければ高いほど、その実現には時間がかかることになるでしょう。たとえば十年で実現したいと考えるならば、最初の三年でこれをやろう、その上で、次の三年でここまで実現しよう、そして、最後の四年で目標に到達しよう……などと、具体的な計画を立てること、これが、寺院経営の計画を作成するということです。

たとえば、人生の例で考えてみると、こうなります。

十五才のA君は学校ではいじめにあってきました。その経験がもととなって「僕は将来、世の不正を正し、弱者に寄り添う人間になりたい」と強く思いました。この決心が「理念」に当たります。

常に弱い側の人の立場にたち、耳を傾けて話を聴くようにしよう。また、自分は絶対にいじめる側にはならないように心がけよう。世の中には、どのような弱い立場の人がいるのか調べてみたい。できることならば、仲間をつくってともに考え、ともに行動することで、弱きを助け、強きをくじくような活動をする人間になりたい。それを実現するために、弁護士になりたい。これが「ビジョン」に当たります。

弁護士になるためには、まず進学校のC高校に合格する。そこでさらに一生懸命勉強してT大学に入学し、ぜひとも在学中に司法試験に合格したい。これが「計画」に当たります。

そして、この「計画」を実行し、司法試験に合格して弁護士登録までしました。ここが「理念」を実現するスタートになるわけです。弱い立場にある人に寄り添って、手を差し伸べられるような弁護士になれるかどうかのスタート地点に立ったのです。決してゴールではないということを認識しておく必要があります。

③称讃寺・私の場合

先代の住職である私の父は、お坊さんと中学校の教員を兼務していました。「私が七十五才になったら、住職を交代しよう。それまでは、何でも好きな仕事をすればいい」が口癖でしたので、私は大学を卒業して中学校・小学校の教員をやり、その後、零細企業の社長をやっていました。七十五才で交代するはずだった父が、六十七才で脳梗塞に倒れ、意識不明の状態で二週間ＩＣＵに入ったまま亡くなってしまいました。引継ぎはまったくなく、どこに何があるのかも分からないし、門信徒のお宅へ行くのにも、住宅地図を見ながら訪問したりしました。

父の葬儀や法事等が一段落した頃、お寺の総代さんの一人が、老朽化した本堂の修繕をしましょう、との話を持ってきました。阪神淡路大震災の後でしたし、南海トラフ地震の予想もありましたので耐震基準の点も含めて総点検しました。修繕・修復するのも新築するのもほぼ同じ金額で二億円、との結論が出ました。いろいろな議論がありましたが、一軒当たり五十万円のご寄付をお願いして四百軒で二億円、その予算ですべて新築するとの計画がスタートしました。ご寄付が予想通りに集まらなくてお金が足りなくなったらどうしようか、と夜も寝られない日が続きました。設計事務所の先生からは、どんなお寺をつくりたいですか？　としきりに聞かれましたが、新米住職としては何も返事ができない状態でした。宗派を超えて多くのお寺を見学に行きました。話が聞ければそこのご住職や寺族の方にお話をお聞きしました。

　私たち寺族の居住スペースはできるだけコンパクトにしました。八間四方だった本堂は七間四方の木造風ですが躯体は鉄骨にすることにしました。五十畳ほどの法事や小さな葬儀ができる広間を確保しました。また納骨堂をつくりました。納骨堂については、その当時の総代さんたちは「お骨は墓に入れる」とのことで必要性を感じてくれず、説得するのに四苦八苦しましたし、十年後には増築をすることになってしまいました。本堂に空調設備を整えたのですが、それもなかなか了解してもらえませんでした。限られた予算の中で、できるだけ立派なお寺をつくりたいという総代さんたちの想いと、将来にわたって維持管理がしやすく機能的なお寺をつくりたい私たちとは意見が合わないことも多かったです。解体から竣工まで二年半かかりましたが、本堂の内陣の彩色や庭は後日住職が整備する、ということで一応の完成を見ました。落慶法要には多くの門信徒や地域内外の方々がお祝いに駆け付けてくれました。

私自身は多額の寄付をしたことがありません。数百人の方から五十万円のご寄付を賜り、中には三百万円、二百万円、百万円などときわめて多額の寄付を申し出る方もいらっしゃいました。ご自身の財布の中と相談の上で数万円、十数万円などの方もたくさんいらっしゃいました。門信徒の方宛てにご寄付の依頼をしたにもかかわらず、門信徒以外の方からのご寄付もたくさんありました。

以上のような経験すべてを考慮に入れて、お寺の今後の方向性について考えました。

★基本的には、門信徒の方々のためのお寺でありながらも、広く地域一般にも門戸を開放し、門信徒の方々とともに地域の人たちにも喜んでもらえるようなお寺を目指したい、と思うようになりました。

★お寺は、宗教・仏教・葬式・法事・墓・仏壇など、どちらかというと少し暗い・小難しいイメージがありますが、それらを払拭して明るいイメージで、生きる意味やその方向性など、前向きなヒントを発信できるようなお寺にしたい、と思いました。「上手に生きて、上手に死のう」「生きる作法、死ぬ作法」というスローガンを思い付きました。

この★二つが、今から考えると、称讃寺を運営するにあたって「理念」のとなったのです。要約すると、

(1)称讃寺は、門信徒の方々とともに地域の人々にも喜んでもらえるようなお寺を目指す。
(2)浄土真宗の物差しを踏まえながら、生きることの意味や生き方、考え方などについてのヒントを発信できるお寺になりたい。
(3)人々に寄り添うお寺になりたい。

さて、(1)(2)(3)の理念をどう実現していくか？　を考えました。

(1)としては、

◇お寺の駐車場を開放しました。道を挟んでの西向かいには郵便局がありますが、郵便局は車の駐車スペースが二台分しかなく多くの利用者が路上駐車の状態でした。

郵便局のお客様へ
お寺の駐車場が空いている時は
どうぞ　ご利用ください

との看板を挙げました。

道を挟んで東向いは小学校です。近頃は、登校下校時に車での送り迎えが多く、お寺の駐車場を開放しました。南隣は眼科医院です。白内障治療で大繁盛の医院で、駐車場が一杯になれば、こちらにもお寺の駐車場を使ってもらっています。

当然のことながら、駐車場は汚れます。タバコの吸い殻やコンビニの袋、ファストフードの紙コップ等が放置されていることがよくあります。塵取りと箒を持っての駐車場掃除は、私の日課になりました。

◇法事や小規模の葬儀の際の、お寺の会館の利用を呼びかけました。会館の使用料は法事は五千円、葬儀は一日一万円と設定しました。空調がしっかりしている点、駐車場に困らない点、座布団ではなく椅子とテーブルで足が痛くならない点、仏花・お供え物などは希望があれば実費でお寺の方が用意できる点、希望があれば仕出し料理も発注できる点などで会館の法事での利用頻度はだんだん高くなってきました。小規模葬儀も、会館使用料が安いので、市民葬などと組み合わせることによって格安で行うことができます。一定程度の需要が出て来ました。住宅事情の変化によって、仏間・座敷がなくなっていく傾向ですので、会館の利用はますます増えるだろうと思っています。

◇納骨堂についてです。この地方は、四寸・五寸の骨壺は墓に納骨して、小さい分骨をお寺に納骨する習慣がありました。平成十五年頃からはその習慣が崩れ始めたなぁ、と思っています。墓がある人は、墓に入れる用の四寸・五寸の骨壺だけに収骨をして、新屋などで墓を建立するつもりのない人は、やはり四寸・五寸の骨壺に収骨して、それをお寺の納骨堂に納骨するとの傾向が出てきました。

新屋の方などには、積極的に納骨堂を勧めました。また、門信徒でない方の納骨も受け容れました。結果的に、法事の依頼も増えてきました。

(2)としては、

◇称讃寺の年間行事

・除夜会、元旦会
・春季永代経法要
・お盆万灯会法要
・秋季永代経法要
・宗祖報恩講法要
・月例読経会（毎月十六日の朝四十分）

布教使の先生による布教・法話がある行事が、春と秋の永代経法要と冬の宗祖報恩講です。この布教・法話の内容を、阿弥陀仏、

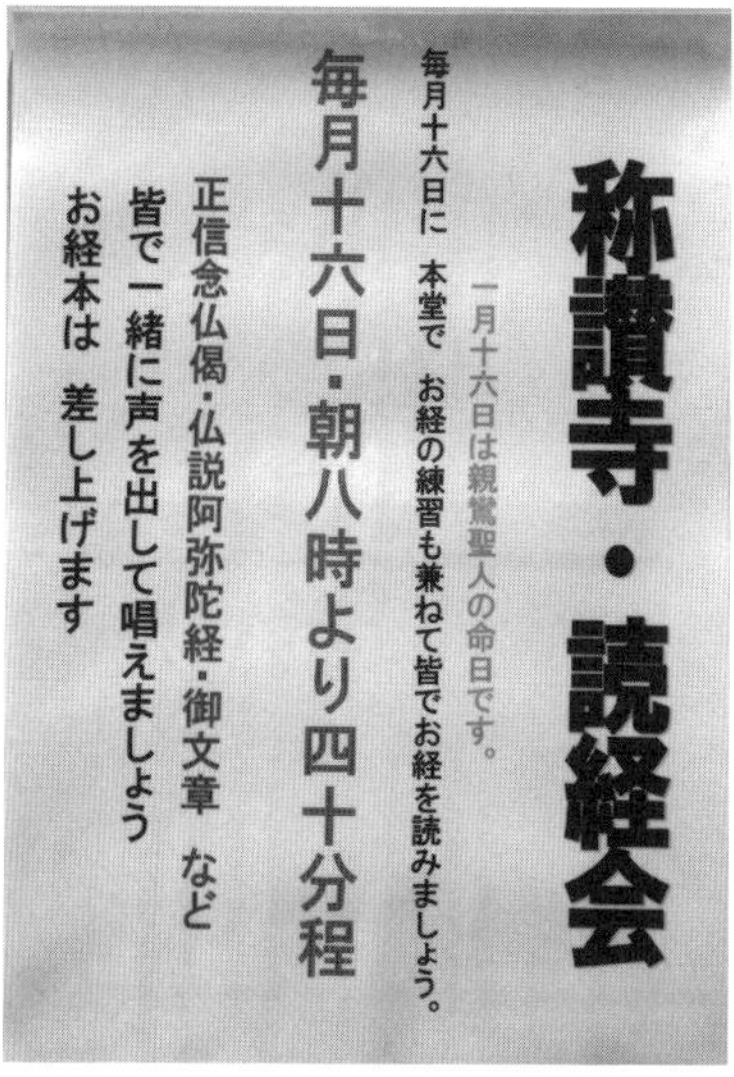
称讃寺・読経会
一月十六日は親鸞聖人の命日です。
毎月十六日に　本堂で　お経の練習も兼ねて皆でお経を読みましょう。
毎月十六日・朝八時より四十分程
正信念仏偈・仏説阿弥陀経・御文章　など
皆で一緒に声を出して唱えましょう
お経本は　差し上げます
寺院の掲示板に読経会の案内

親鸞聖人、他力本願といった浄土真宗の基本的な内容から、広義に捉えて、人生論、老人論、生き方論など、仏教や浄土真宗の香りを漂わせながら、生きることについてのヒントになる内容にできないだろうかと考えました。

称讃寺の場合、年間の行事はだいたい決まった門信徒の方々に参加して頂いていました。毎回布教使の先生が阿弥陀仏の法話をしていました。毎回同じ参加者に同じような法話がなされていましたが、回を重ねるたびに理解が深くなっているとも思えませんですし、新しい参加者が増えている兆候もありません。むしろだんだん参加者数が減る傾向がありました。マンネリ化した、硬直化した行事の実施に大きな疑問を持つようになりました。一体、誰のための、何のための行事なのでしょうか？　住職の私がお話を聴いてみたいと思った先生に、皆さんへのお話をお願いしてみようと思いました。

平成十四年にお寺の建築は終了し、落慶法要が執り行われました。平成十五年、十六年は、宗教学者の山折哲雄先生を訪ねました。全く面識もありませんでしたし、紹介者もいませんでした。当時、山折先生は、京都の国際日本文化研究センターという大学院大学の所長をなさっていました。何回か京都の日文研にお伺いし「高松の称讃寺の本堂で、お話をしてほしい」とお願いしましたところ、渋々だったのかどうか、了解のご返事を頂きました。

山折先生のお話は、宗教学者としてのお話に加えて、日本人のアイデンティティーにも触れるような民俗学的な内容もあり、現代の時事なども取り上げたり、美空ひばりや山口百恵などの芸能人の話題に飛び足したりして、聴衆を飽きさせない、まさに、釈尊の応病薬説法のようだと感じていました。山折先生はきわめて幅広い無限の知識の引き出しを持たれた方だと、私は思いました。

称讃寺では春・秋・冬と年間三回、法話つきの行事がありますが、そのうちの秋季永代経法要に、毎年山折先生をお招きすることができるようになりました。春と冬の行事には、森毅氏、鎌田実氏、加藤諦三氏、中坊好平氏、中西太氏、梅原猛氏、曽野綾子氏、中村メイコ氏、三林京子氏、樋口恵子氏、上野千鶴子氏、下重暁子氏、姜尚中氏、河瀬直美氏、養老孟司氏、有馬朗人氏、佐々木閑氏、大村崑氏、内田樹氏、釈徹宗師、ひろさちや氏、田部井淳子氏、山崎龍明師、下重暁子氏、堀田力氏、玄侑宗久師、香山リカ氏……専門分野を問わず、人々の生き方にヒントや勇気を与えるような方々をお招きしました。地元の本願寺派の布教使の先生方にもお話をいただきました。広く地域の方にも開放しましたので多くの方々に聴講に来ていただけるようになりました。本堂の外陣に座布団を敷き詰めて二百人弱、別室の会館のモニター画面で百人弱。本堂の回りの廊下から、境内が一杯になる時もありました。無料でお話が聞けて、お昼にはうどんの接待があり、終了時には、お抹茶とお菓子が出てくるのですから、だんだん話題になってきました。お寺の行事においては門信徒の方々と門信徒以外の方々との区別・差別は全くしておりません。この一連の行事はコロナ禍で中断もありましたが、今も続けております。

お招きしている先生方のギャランティーがさぞかし高かろうとのご心配をよくいただきます。ご講師の先生方に依頼をする時に会合の趣旨を話し、講演料をできるだけ安く設定するようにお願いをします。それで、安くしていただけた先生方にお願いしています。もちろん交通費と宿泊費は当方でお支払いを致します。聴聞の方・聴講者からは入場料は頂いておりませんが、お寺に参拝に来る場合、多くの方がお香料などをお持ちになります。少し赤字になる場合もありますが、何とかそれでやり繰りをしています。

当地、四国には四国霊場八十八ヶ所巡礼寺院があります。七十五番札所の善通寺は真言宗善通寺派の総本山です。私は浄土真宗ですから宗派は違いますが、その当時の管長・法主の樫原禅澄師とは面識がありました。とても気さくな方で、私のような他宗の小さい末寺の住職ともお話をしていただけました。樫原管長と相談して、称讃寺の秋の行事に山折哲雄先生がお話に来たとき、高松から車で一時間ほど西にある善通寺にも寄っていただくことになりました。

総本山善通寺の遍照閣の大広間で「心と命のフォーラム　生きる作法、死ぬ作法」と題して、ホストの山折哲雄先生、善通寺の樫原禅澄師、私と医師の朝日俊彦氏の四人がステージに上がり、二時間のトークセッションを開催できるようになりました。入場料無料のイベントです。総本山善通寺の職員の方々の多大な協力を頂いています。平成二十一年末に朝日俊彦先生が急逝しましたのでゲストをお呼びするようになりました。

たとえば、平成二十七年は、

第九回「心と命のフォーラム　生きる作法・死ぬ作法」
・山折哲雄氏
・田部井淳子氏
・樫原禅澄師
・私（称讃寺住職の瑞田信弘）
テーマは「人生は八合目からが面白い」

平成二十九年は
第十回「心と命のフォーラム　生きる作法・死ぬ作法」
・山折哲雄氏
・上野千鶴子氏
・樫原禅澄師
・私
テーマは「皆さん、一人で死ねますか？」

ホスト役を山折哲雄氏から養老孟司氏にバトンタッチしてこのイベントは現在もおこなっています。

⑶としては、
◇平成二十五年に終活支援団体として、一般社団法人の「わライフネット」を立ち上げました。
お坊さんとして、一人ひとりにきちんと寄り添いたいとの思いからです。

たとえば、終活に関してはこんな現状があります。

・葬儀の後、相続のトラブルが多くなった。
・両親が亡くなった後、お位牌だけ都会へ持って行くが、家も墓もそのままで、荒れ果てている事例が目立つようになった。
・御主人が亡くなって、お骨を墓へ納めたが、パートナーのお婆ちゃんは「私のお骨はお墓に入れずに、山でも海でも散骨してほしい」と希望し、子供が困るようなケースが増えている。
・ご主人の終末期、主治医にある日突然、延命措置についての家族の意向を聞かれたが、知識がなかったので返事に困ったとの事例。
・家人が亡くなって呆然としている時に葬儀の打ち合わせをし、よく理解できないまま葬儀が終わった。後で考えたら「こうしておけば良かった」という反省がたくさんあるとの事例。
・両親が亡くなった後の遺品整理に困る人が増えている……等々。

一口に終活といっても、医療・介護、保険・年金、葬儀・法要・墓・仏壇・永代供養、相続・相続税、生前整理・遺品整理など守備範囲は広いです。

「わライフネット」では、私の知り合いや門信徒の方で、弁護士・司法書士・医師・税理士・僧侶や葬儀社・仏壇、墓石の業者・保険、年金の専門家・片付けの専門家などをされている方にメンバーになっていただきました。一般社団法人としてチームで活動することを目指しながら、専門的な事例は専門家に依頼し、一般的な知識の普及は私を含めた数名の事務局員が行っています。オリジナルのエンディングノートも作成しました。個別の相談にも対応しながら、行政と連携したり、公民館・コミュニティーセンターや老人会などの会合に呼ばれたりと、少しずつ軌道に乗りつつあります。

◇お寺のホームページをつくり、お寺の特徴や行事などを発信するとともに「よろず無料電話相談」として、お寺の電話番号と私の携帯番号を掲載しています。少し掲載料はかかりますが、タウンページにも「何でも無料電話相談」を掲載しています。仏事について、葬儀について、墓終い・永代供養について等の相談はもちろん、お坊さんの悪口、職場や家庭の人間関係や、夫婦関係、嫁と姑の関係の話、相続争いや詐欺にあった話、鬱の方から「死にたい」など、雑多の電話がかかってきます。私と坊守で対応しています。坊守の方がソフトですので、私より人気があります。二回目三回目になると坊守のご指名が多いです。緊急な場合は警察に連絡したり、専門的な場合は、法テラスや行政の相談窓口の電話番号をお知らせしています。多くの場合は、傾聴します。相手の話に矛盾や不可解な部分があっても、それを指摘したりしないで、相手の苦しい立場、困っている立場に同情し、ただただ「あなた、つらかったね〜、よく頑張ったね〜」と話を聴きます。私は裁判官でも審判員でもありません。どちらが良いとか悪いとかの判断をする立場にはありません。相談者が話し終わるまで、先方が話疲れるまで話を聴きます。一時間でも二時間でも話を聴きます。相談者が話し終えると、言いたい事をすべて言った、私の話をすべて聞いてもらえた、との満足感が相談者に芽生え、また、多くを話しているうちに本人に「気づき」の心が生まれる場合が多いです。ただただ聴くだけですが相談者の心はずいぶん落ち着くようになると思っています。相手が、どこの誰かも知りません。電話ですから遠方の方もいます。これも、困っている人に寄り添う、大切な姿勢だと思っています。

◇地元高松のNHKカルチャーセンターで終活やエンディングノートについての講座を

担当したのが縁で初級仏教講座「釈尊から親鸞へ」の講義をやっています。エンドレスな状態でかれこれ七年はやっています。毎回講義の予習をして行きます。生徒さんより先生の私の方が勉強になっているのかもしれません。

また、ゲストで出演したFMのコミュニティー放送で、月に一度六十分番組を担当するようになりました。パーソナリティーが私で、知り合いや地域で活躍している方などをスタジオにお呼びして一時間楽しく生番組をやっています。「ちょびっと仏教・ちょこっと仏教」コーナーで仏教のことも喋っています。

余談ですが、高校時代の一年後輩に仏壇屋の息子がいました。お寺と仏壇屋の関係を意識したことはありませんでしたが、高校時代は学年が違っていても課外活動なんかを一緒にやっていました。彼は仏壇屋の社長で私は小さなお寺の住職ですが、FMラジオ番組のスポンサーになって頂いたり、終活支援の一般社団法人でも事務局に人員を派遣して頂いたりと、何かと大変お世話になっています。彼と私の関係がなければ、実現できなかったことがたくさんあるように思います。まさしく恩人です。お礼を申し上げます。

◇他にも、お金に余裕ができれば、本堂内陣の彩色や境内地・庭の整備など、やりたいことがたくさんありました。寺院の「経営計画上」は、多くの聴衆にお寺に来てもらうようにするため、また、法事や葬儀でお寺を使ってもらうために、駐車場の整備が急がれると判断しました。お金の使い方・優先順位も「経営計画」によって変わってくるのです。

以上が私が住職をしている称讃寺の事例です。寺院経営についての「理念」をもつこと、それを実現するための「ビジョン」を定めれば、おのずから「実行計画」が見えてきます。

一般の企業では経営指針（経営理念・経営ビジョン・経営計画）を作成する、ということは今や当たり前になっています。企業のマネジメントです。毎年決算書が作成され、経営計画と比べて反省したり戦略を変更したりしながら次年度の目標を立てて、前進していきます。

ところが、お寺の世界においてはマネジメントについての嫌悪感や忌避感が今も大変根強いものがあります。「効率本位」「利益主義」「お金儲け」など、寺院の経営には相容れないとの嫌悪感があるのもたしかです。

お寺は公益法人ですから利益を上げることを目的にはしていません。平成になったころ非営利団体のＮＰＯ法人がブレイクしました。「お寺は最古のＮＰＯである」と言われていますが、非営利団体のＮＰＯ法人や一般社団法人なども経営指針をつくってマネジメントをしているのですから、その必要性はますます高くなっています。利益を追求する営利目的の法人でしたら、毎年の決算の財務諸表に数字となって結果があらわれます。非営利団体は毎年毎年どのような目標を設定して、目標を達成したかどうかをどのように検証しているのでしょうか？

私が代表を務める「わライフネット」では、年一回総会を開き、前年度の経営計画を見て、どの程度実現できたかを検証・反省し、次年度の経営計画に反映しています。総会では、かなりきびしい意見が出ます。

簡単に言えば、地域社会に貢献していないなど社会性を持っていない組織は、自然淘汰・寺院消滅の範疇に入ってしまうということです。

私の所属している浄土真宗本願寺派は、日本で最大の宗教教団だとよく言われます。今までは、教団側・宗派・宗門側が一万ヶ寺強の寺院と三万人強の僧侶に向けて一方的に経営方針を示してきました。まさしく、護送船団方式と言っていいやり方でした。

今回本願寺派が「お寺のビジョン作成研修」を始めたのは、それぞれの寺院が地域性や

門信徒数、お寺の規模、住職の資質なども考慮に入れてマネジメントをしなければ、お寺は持続できない、と判断したからだとも解釈できます。
　一人ひとりの住職が「将来このようなお寺にしたい」との将来像を描くことが「お寺のビジョン」作成の第一歩となるのです。さあ、「お寺のビジョン」をつくりましょう。

第七章　「お寺のビジョン」を作成しよう

「お寺のビジョン」を作成するといっても、いきなり白紙の画用紙に絵を描き始めるのは難しいかもしれません。

会社の経営者なら同業他社の動向が大変気になります。お寺の住職として、他寺院が気になっているでしょうか？　先にも書きましたが、よく見てみると地域にはいろいろな寺院があります。

・門信徒の数が多く、規模の大きい寺院
・幼稚園や保育園、こども園などを併設している寺院
・老人ホームやグループホームなど介護施設を併設している寺院
・本山や宗派の役員を兼務している僧侶がいる寺院
・仏教や宗派の布教活動を熱心にしている僧侶がいる寺院
・民生委員・教育委員・児童委員、保護司、調停委員などを兼務している僧侶がいる寺院
・お寺の本堂や庭園などの整備に一生懸命取り組んでいる寺院
・納骨堂の運営や墓地経営をしている寺院
・葬儀や法事などの仏事を、特に丁寧におこなっている寺院

・季節ごとのお寺の行事を大切にしている寺院
・子供食堂やお寺おやつクラブなど弱者支援の活動をしている寺院
・学校の先生や公務員など他の職業を兼務している僧侶のいる寺院

わが香川県には四国八十八ヶ所巡礼札所寺院など、特殊な立場の寺院もありますが、いわゆる末寺を見渡してみると、右のような特徴に分類できる気がします。それぞれの住職に話を聞いてみれば、もっともっと細部にこだわった寺院運営をしていることがわかるかもしれません。

長野県の高橋卓志師、大阪の秋田光彦師、宮城県の金田諦應師などは有名です。独特の視点、切り口で寺院の運営をおこなっています。今、ご自身が住職をつとめているお寺を、どのようなお寺にしたいと思いますか？

①寺院を経営する「理念」を考えよう

お寺ですから、釈尊の仏教や所属する宗派の教義の素晴らしさを伝え、多くの人々に信仰してもらい、現代社会において、少しでも生きる苦悩を取り除き、生きる意味と方向性を見いだせるように導くこと、これが底辺にあります。

葬儀・法事やお寺の宗教行事を丁寧に執り行い、宗教の意味や人生について、それぞれの人々が考えたり、気づいたりするように促すこともお寺の大切な役割です。

そのうえで、お寺を運営するための根本的な考え方を「理念」として掲げておくことは、進んでいく方向性を再確認するときなどにも必要です。大上段に振りかざして、「理念」を作成してみましょう。よく会社の壁に「社訓」として掲示しているようなやつです。

たとえば、

・地域社会に奉仕する
・○○を通じて社会に貢献する。
・皆様とともに歩みます。
・○○で貢献します。

等々、たくさん思い浮かびます。

大切なのは、お寺も地域社会の一員であるということを強く自覚することです。お寺側が責任感や義務感で実施していることを、地域社会の人々が、どのように受け取っているのだろうか？　そう考えてみた時に、地域の皆さんから「ありがとう！」と言われることがないとすれば、お寺は地域社会において存在意義の薄いものになってしまいます。

お寺は、一義的には門信徒のために存在しているのだから、門信徒のためになる活動だけをすればいい、との考え方が根強くあります。が、先にも述べた通り、きわめて急速に寺壇制度・門徒制度は崩壊していますので、やはり、地域においての存在意義が薄いお寺はちゃんと地域社会に根を張るような活動理念を掲げるべきだと考えます。

②「お寺のビジョン」を作成しよう

ご自身や坊守さんや後住さんの有する資格、特技、性格、資質などを考慮してみるのも一つの方法かもしれません。お寺を構成する人的資源はお寺の活動に大きな影響を及ぼします。たとえば、看護師や社会福祉士の資格がある人は、医療や介護についての知識が豊富ですし、保育士免許や教員免許がある人は世代間の交流や家庭、子育て、弱者支援などの視線があります。また、絵画、書道、料理、裁縫、園芸、陶芸などが得意な場合は、共通の趣味をもつ人を集めることで、地域を活性化できる可能性があります。

あるいは「あんなお寺になれたらいいなぁ」「うちのお寺もあんな活動がしたいなぁ」などと、実在するお寺を目標にすることが、もっとも簡単かもしれません。

宗派を超えた寺院組織に参加して、いろいろな考えを持っている住職と交流することも一案です。当地ですと、香川県仏教会・高松市仏教会・仏教青年会などがあります。「お寺おやつクラブ」や「子供食堂」などのお手伝いをしてお坊さん方との交流をはかる方法もあります。

教団・宗派側は「お寺のビジョン」を作成するために、とりあえず見本になりそうなお寺の活動を紹介したり、活動報告会や経験交流会を実施して、お坊さんがイメージを膨らませる手助けをするべきだと思っています。

③実行計画を作成しよう

「このようなお寺になりたい」という「お寺のビジョン」ができたら、それが絵に描いた餅にならないように「実行計画」を作成しましょう。
まずは、ご自身のお寺の現状を冷静に分析しましょう。

長所

(1)

(2)

(3)

(4)

(5)

短所

(1)

(2)

(3)

(4)

(5)

次に、宗教法人会計で年間いくらぐらいの積立金ができているかを把握しましょう。

その上で、現在のお寺を、目指すべき「ビジョンのお寺」に近づけるためにどうしたらいいのでしょうか？　何が不足していますか？　どのような準備が必要でしょうか？　お寺としての長所を伸ばしていきながら、短所を改善する施策を考えていきます。

ハードやソフトも含めて一歩一歩「ビジョンのお寺」に近づけるように計画を立てましょう。

一年目

二年目

三年目

毎年毎年計画の達成度合いを確認しながら、翌年の計画を再設計していく手順を繰り返します。

ここまで来ますと目標と計画の車の両輪が自動的に動くようになってきます。計画を立てて実行に移します。計画通り実行できたかどうか検証します。その検証から次の計画がスタートして、それを一生懸命実行して、再度、検証する、という具合で、自動的に前に向かって動き始めます。

もちろん、計画を立てて実行することが最終目標ではありません。あくまで目標のための手段です。計画を立てて実行するのは「ビジョンのお寺」に近づくためです。「理念」を考え、「お寺のビジョン」を設定し、「行動計画」を作成しました。そして、行動して検証して再計画をして行動して再検証するところまで進みました。少しずつ「ビジョンのお寺」に近づいてきました。

ここで、振り出しに戻ってみましょう。お寺が「どうありたいのか、どのように存在したいのか」を考えて「お寺のビジョン」を作成し、それに近づく計画を立てて実行してきました。ここまできて、やっと「お寺の理念」の実現のスタートなのです。実は、ここからが本番なのです。それまでは準備期間といってもいいと思います。

先に述べました、自分の人生を考えて目標をもって行動するA君の例を思い出すと分かりやすいと思います。

A君は、「僕は将来、世の不正を正し、弱者に寄り添う人間になりたい」と思いました。「理念」です。

「そのために弁護士になりたい」。「ビジョン」です。

「弁護士になるために、司法試験の合格率の高い大学に入りたい。そのためには、地域一番の進学校に入学したい。そのためには、もっと勉強し、苦手科目を克服したい。だから、親を説得して進学塾に通うことにした。」これが「行動計画」です。

一番大切なのは、A君が弁護士になって「世の不正を正し、弱者に寄り添う人間になりたい」という「理念」をどう実現していくかです。ここからまた計画を立てて実行し、検証して再度計画を立てるということになります。弁護士になることは最終目標ではなく、あくまで「理念」を実現するためのスタート地点に立ったということにすぎません。すなわち、弁護士になって、どう世の中の不正を正していくのか、どう弱者に寄り添うのか、が問われるのです。

この計画・実行・検証の繰り返しを紙に書けば、これらが時系列に進んでいくかのように思われますが、実際はお寺には他にもいろいろやることがあるわけで、時系列というより同時進行的に進めていくことになったり、やりやすい事から実現していく事になるのが普通だと思います。「走りながら、身なりを整える」ということです。

成り行きに任せてのんべんだらりとお寺を運営する時代は終わりつつあります。きちんと目標などをつくり、計画を立てて実践していくお寺でないと生き残れない時代がすぐそこまで来ています。

第八章　将来の展望が見通せないお寺

現実は非常に厳しいものがあります。先に述べた、浄土宗の鵜飼秀徳師の指摘によれば、数字の前後はあるにしても三割から四割のお寺が寺院消滅の危機にあります。秋田光彦師の言葉を借りれば、公益法人であるがゆえに、義務感だけで運営されているお寺が多いのも現実です。学校の教員や公務員と兼業し、平日の日中に葬儀ができたら年休を取って対応し、六十歳で退職しお坊さん専業になり、頑張れるだけ頑張る、との住職が多いのもまた事実です。

私の父親も中学校の教員と住職を兼業していました。五十五歳で早期退職し、その後は住職専業でした。両方の実務が大変そうでした。私は兼業の選択はしませんでした。

ここでは、厳しい状況にあるお寺にどういう選択肢があるか、考えてみました。

①苦しいながらも継続を模索する場合

大変厳しいけれども存続する方向を選択する場合は、先に述べた、寺院経営の「理念」→「お寺のビジョン」→「実行計画」等がより重要です。余裕がないお寺ほど早急に作成する必要があると思います。

・業務を限定してみる

お寺の責任範囲を限定する方向で検討するのも一案です。

たとえば、墓地経営・納骨堂経営に特化する方法です。新たに墓地を造成するのは莫大な費用と手間がかかりますが、お寺の境内地を墓地として分譲するのには大きな費用負担はありません。境内地がゆくゆくはすべて墓地になってもいい覚悟で少しずつ墓地を分譲していく方法です。

また、新たに納骨堂を建設するのは多額の費用がかかりますので、既存の本堂の余間や外陣の左右の障子の面を利用して、納骨段を製作して分譲する、との方法もあります。門信徒以外の方からの申し込みも積極的に受け入れれば、墓や納骨堂が縁で門徒が増える可能性もあります。

・共同で運営してみる

二〜三ヶ寺が共同体を構成する方法です。

A寺は教員と住職を兼業しているが、納骨堂はある。B寺は公務員との兼業で納骨堂はない。C寺は住職専業ですが、納骨堂はない。このA寺B寺C寺が共同体を構成します。

宗教行事も分担して実施します。たとえば春の行事はA寺で実施することにし、A寺B寺C寺の門信徒に案内する。B寺やC寺の寺族は掃除も含めて、手伝いをする。葬儀や法事はできるだけ菩提寺が務めるようにするが、無理な時は他の二ヶ寺の住職が代理を務める。日常的に代理が可能な状態にしておく。布施は、代理の場合は、菩提寺の取り分が1/2、代理人が1/2などと取り決めておく。納骨堂がないB寺C寺の門信徒から納骨・永代供養の相談があればA寺の納骨堂を勧める。納骨料は折半にする。……など、二〜三ヶ寺が共同体をつくり、それぞれのマイナス部分を補いながら、負担を減らし業務の効率化をはかるのも、これから有力な方法になる可能性があります。

②継続かどうか、立ち止まって判断する

しだいに寺院経営が苦しくなっており、将来的にどうしたらいいのか、方向性が見えないというお寺も多いと思います。

体力があるうちの廃業・廃寺も大きな選択肢です。名誉ある撤退の決断です。一番避けなければならないのは、継続できないのに対策を打たず、そのままの状態で現住職が亡く

なり、その後しばらく時を経て寺の総代や世話人が荒れ果てた寺をどうするかと相談するパターンです。

コンビニの数ほどあると言われているお寺ですが、スクラップ&ビルドができにくいので、人口密集地帯ではお寺が足りない一方、過疎地帯では人口に対してお寺が多すぎるオーバーストア状態が日常化しています。時間の経過を待ったとしても、さらに人口の減少は進み、世帯数も減るわけですから、廃寺の方向へ進むお寺が多くなることは必然です。

新聞に取り上げられたような、由緒あるお寺の後継者がなく、荒れ果てた状態で地域の住民が廃寺の方法を模索する、という結果は絶対に避けなければなりません。現住職や後継者となるべき人物の意向も伝えながら、お寺の総代さんや世話人さんと協議の場をつくり、廃寺を継続的に検討することも必要かもしれません。

廃業・廃寺にする場合でも、いくつかの方法があるようです。

・門信徒には、各自で次の受け入れ寺院を探してもらう。それができない門信徒は、近隣寺院に受け容れて頂くようにお寺の方から要請する。宗教法人の不動産をどうするかは、代表役員・責任役員・総代が協議して決める。たとえば、集会所として市町村に寄贈する。

あるいは、建物を除けて不動産開発業種に売却する。あるいは、寺族の住まいの部分だけ寺族が買い取って私有地として登記し、残りの部分は、建物を除けて子ども広場などとして市町村に寄贈する。その後に宗教法人の解散手続きをする、との方法です。

・ゆくゆくは、近隣寺院に吸収合併してもらう方向で計画を立てる。事情を理解してもらった上で、ゆくゆく合併に臨んでもいいお寺を見つけて、双方のお寺の責任役員や相談の合意を取り付けて、合併される側の宗教法人の不動産や動産を、合併する側の宗教法人に譲り渡す。門信徒も動産・不動産も譲渡した上で、合併された方の宗教法人は解散する。譲渡された側のお寺は、飛地《とびち》境内、出張所として護持管理をしていく、との方法です。

いずれにしても数年、場合によっては十年を超える計画ですので、宗教法人であるお寺にも、住職や寺族にも、体力的・経済的な余裕があるうちから計画・実行することが肝要だと思います。

本山や教務所に相談するという方法もあります。宗派にもよりますが、比較的相談窓口の対応がしっかりしているところと、全く相談体制が整っていないところがあるようです。

宗派・宗門がデータを蓄積して、そのデータにもとづいて種々のアドバイスをしたり、末寺の離合集散の手助けをしたりとの役割を果たすべきだとの意見もあります。

伝聞での話ですが、私が所属している本願寺派で、寺院の統合や廃寺の手続きについて、要求された書類を提出したが、一向に音沙汰がなく、七～八ヶ月経って書類の訂正箇所の指示があり、すぐに訂正して書類を提出したのち五～六ヶ月後に受理した旨の返答と次の書類の提出要請があった、とかで、最初から最後までは七～八年強の歳月がかかった、精神的なエネルギーも必要だった、とのことです。

寺院の統合の場合は、今後もその宗門に留まるものですから、煩雑であっても宗門内部の手続きは必要です。

廃寺の場合は、最終的には寺も宗教法人格もなくなってしまうわけですから、宗教法人の代表役員・責任役員・寺の総代で、寺の後始末ができるとの判断に至った場合は、煩雑な手続きで長期間を費やすはめになるのを避けるために、先に宗門を離脱して、単立寺院になった上で、県の学事文書課と相談しながら、手続きを進めていくのも一案かもしれません。

第九章　これからの仏教・これからの寺

文化人類学者で東京工業大学教授の上田紀行先生が、「仏教ルネサンス」を合言葉に、宗派を超えた若い僧侶たちを、東京港区の青松寺に集めて二十年が過ぎました。「お寺は、どうあるべきか？　何をすべきなのか？」「僧侶の義務と責任は何なのか？」「良いお坊さんとは、どんなお坊さんを指すのか？」など、大変活発な議論をしました。私も何回も参加して大変な刺激を受けましたし、別の宗派の知り合いもできました。

そのフォーラムに一、二回出席したらしい、松本紹圭師は『東大出て、お坊さんになっちゃいました』という本を出版しました。所属の港区光明寺の境内にいち早くWi-Fi電波を飛ばして一般の方々に開放しました。ランチ後のOLさんたちがタブレットを持って入ってきたそうです。

また、師は彼岸寺というネット上のお寺をつくりました。ネット上のお寺でも、実在のお寺と同じように布教活動ができるかもしれない、との発想かもしれません。

浄土宗のお坊さんたちが「蓮の葉」という名前のチームを組み、ネット上で人生相談を始めました。一つの相談に対して、いろいろな切り口での回答があり、相談の輪が広がりました。

自殺者増加が社会問題化した頃、NHKディレクターを辞めた清水康之氏が、自殺対策支援センターライフリンクを設立しました。「死にたい人」からのメール相談に対して、複数の僧侶が添付ファイルを修正しあい、皆が合意し納得した返信を相手に送る、との方法で、自殺対策に関わっていました。

リーマンショックで多数の失業者が出た時、湯浅誠氏が音頭を取って東京の日比谷公園に「年越し派遣村」を開設し、多くの人々に温かい食事を提供しました。多数のお坊さんたちも関わりました。

その湯浅誠氏が提唱した「子供食堂」は、アッという間に全国に展開して行きました。多くのお寺も「子供食堂」を開設したり関わったりしています。

また、奈良県の浄土宗の住職の発案で「お寺おやつクラブ」が発足しました。お寺に集まってくるお供え物で、お寺で消費できなくて余ってしまう物を提供してもらい、貧困家庭に再分配するという活動です。こういった弱者支援の運動に、多くのお寺や僧侶が協力しました。

平成二十三年、東北大震災と福島原発事故が発生しました。多くの貴い人命が奪われ、肩を落としてしまった遺族の方々に寄り添うことが、僧侶に求められました。これをきっかけに、東北大学の発案で「臨床宗教師」講座が開設されました。苦悩や悲嘆を抱える人たちに寄り添う宗教者を養成しようとの運動です。とても高度なグリーフケアです。また、終末期にある人に宗教の立場から心理面で寄り添いを行う宗教者です。東京大学（後に上智大学）の島薗進先生も中心人物です。東北大学、上智大学、龍谷大学、鶴見大学、高野山大学、武蔵野大学、種智院大学、愛知学院大学、大正大学なども積極的に取り組んでいます。

この動きを知った時、私は、本来お坊さんが果たすべきグリーフケアの役割を果たしきれていないと判断されたからこそ、新たに「臨床宗教師」制度が創設されたのではないか、と思いました。あの大惨事の時、地域のお坊さんが一心不乱に遺族の方々に寄り添っていれば、「臨床宗教師」なる資格制度をつくる必要もなかったのではないか？　世のお坊さん方々は大いに反省すべきだと思いました。後に、島薗進先生にお会いした時、この話をしてみたら、グリーフケアがお坊さんの責任範疇だとの認識は、きわめて新しい概念だそうです。妙に納得した記憶があります。

松本紹圭師が住職向けのお寺経営塾「未来の住職塾」を開講して、宗派を超えた新しい経営感覚を持ったお坊さんを養成し始めました。多くの修了生が全国各地に存在するようになり、寺院に「経営指針」の作成が不可欠だという認識が広がりつつあります。

一方で、明治・大正・昭和期に誕生した新興宗教は、ネット上に広告を出してイメージアップをはかり、やはりネット上で募集をかけた小集会を各地で展開し、信者数を拡大している様子です。いきなり教祖や教義に触れるのではなく、ヨガ教室や日常生活上の困りごと・悩み事のブレーンストーミングなどが入り口で、ネットをよく利用する若い世代が信者の中心層のようです。私の寺の門徒の家庭でも「幸福の科学」や「パーフェクトリバティー」のイベントに参加している若い方は結構な数いるようです。新興系の宗教は映画・アニメ・漫画本などを使って広く布教活動をしています。マーケットのリサーチをして重点的に布教活動を行い、効果を検証し次の計画に進む、という現代的な戦略でかなりの効果を上げているようです。

私たち既存仏教は「檀家制度」の上で長い間、胡坐《あぐら》をかいていました。門信徒をお寺に集め布教使が説教をする方法は、拡大再生産には向かっておらず、いずれこのような布教形式を見直す必要に迫られると思います。個々のお寺がいろいろな試行錯誤やチャレンジをしています。それを白い目で見るのではなく応援する姿勢を持ちたいものです。宗派・宗門の機能を、華道・茶道などの家本、コンビニやファストフード店のフランチャイズの本部の機能もあると乱暴に仮定したとすると、宗勢拡大のための方策を予算を使ってでも検討・助言する時期に来たと私は思います。これからは各末寺が「経営指針」をつくるのですから、宗派・宗門もそれにアドバイスができるように情報・ノウハウ・人材などを集積すべきだと考えます。

地域の末寺の境内や本堂は、浄土宗の鵜飼師の言うように、まさしく地域のインフラです。これらを有効に活用して、斬新な布教活動や、地域社会に貢献する方法を模索する必要があります。地域のお寺で共同イベントを開催するなど、アイディアはたくさんあります。斬新なことに果敢に挑戦して、たとえ失敗しても、へこたれず前へ進む気力を持続してもちたいものです。宗派・宗門は、そのような活動を全力を挙げて応援してほしいと思います。また、経験交流の場を設け、一歩前に進んでいるお寺の住職に話を聞き、質疑応答できるようにすれば、先進事例や失敗点などを皆で共有できます。そういった点も踏まえてのバックアップがあればいいと思います。

中国の浄土宗系のお坊さんたちと話したことがあります。彼らには葬式とか法事などのお布施はほとんどありません。地域に貢献する活動をやりながら、それで生活資金を得て、宗教活動・布教活動を行いお布施を頂いているとのことでした。知り合いの曹洞宗の野田大燈師が高松近郊の山中に喝破道場を開いて、若者の自立支援をしながら宗教活動・布教活動をおこなっているのに大変似ています。わが国では、葬儀や法事などの儀式の簡素化が猛スピードで進んでいますので、将来的には、葬儀や法事のお布施は期待できなくなるかもしれません。今のうちから地域にしっかりと根を張ったお寺をつくっていく必要があります。

今の若い人は宗教心がなくなってきている、とか、信仰心がないとか、よく言われます。そのうち仏教はすたれてしまうのではないか？　と言われたりもします。

私はそうは思いません。仏教が人間の「生老病死」を見つめ「苦」の解決を説く以上、なくならないのは必然です。世の中が複雑になればなるほど「苦」は増えていくわけですから、仏教に救いを求めてくる人は今以上に多くなると思います。仏教者の方から手を差し伸べる行動を起こすべきだと思います。

仏像ガールや歴女などといって、京都や奈良のお寺にお参りしたり、仏像を鑑賞したりする若い女性が増えています。当地、四国八十八ヶ所の巡礼者も若い人たちの姿がずいぶんと目立つようになってきました。

先ほど述べたように、新興宗教と言われる比較的新しい宗教の集会やイベントは、若い方々がたくさん参加していて活気があります。

人には皆、宗教が必要なのです。人生の羅針盤なのです。人々に、生きる意味とその方向性を与えるのが仏教なのです。仏教が果たす役割は大きいと思います。


宗派・宗門は教義の普及に力点を置いていますが、広い意味では、ご縁のある一人ひとりに「生きる事、死ぬ事」への意識を持ってもらうことが仏教の社会性だと思います。人々が潜在的に持っているその人独自の「死生観」を再認識していただく環境をつくるのが、お坊さんの役目だと考えます。

人には、それぞれの「死生観」があるものです。きっちりとした定義のような形で持っている人もいれば、なんとなくと言うか、あいまいではあるけれども「死生観」がある方も多いと思います。葬儀や法事の儀式において、身近な人の「死」や「生涯」を意識する時、誰もが自身の人生と重ね合わせます。「死を意識した時、どう生きるかを考える」とよく言われます。

葬儀や法事、お寺の宗教行事や本堂・納骨堂などにおいて、人々は「死」や「生」を意識します。その時に、その人なりの「死生観」を構築（再構築）していく手助けをするのがお坊さんの本来の役割ではないか！　と言う人もいます。

天台宗・真言宗・曹洞宗・臨済宗・日蓮宗・浄土宗・浄土真宗などたくさんの宗派、教義がありますが、これら各宗派は、仏教という大きな太い幹の枝の先端だと見ることもできます。人々の仏教の入り口の部分はそれぞれの宗派であっても、本質の部分は、一人ひとりが「どう生きて、どう死ぬか？」、一人ひとりの方の「死生観」を考え直し、再構築することなのだと考えれば、お坊さんの役目は、そのお手伝いに徹することかもしれません。生まれた時から家の宗派が決まっている檀家制度は、崩壊しつつありながらも今も影響は大きいです。どの宗派でも、最終的に目指すところは同じだと思えるならば、檀家制度への違和感も少し薄らぐかもしれません。本質的な責任を果たしていこうと思っているお坊さんは、やるべきことがいっぱいあります。

営利を目的とする法人もそうでない法人も、地域社会に対して存在意義がなければ淘汰されていくだろうとの認識をしっかり持つことです。地域社会に対する存在意義とは、その地域や地域の住民たちに貢献しているかということです。裏を返せば、地域や住民たちから見て、なくなってしまったら困る存在であることです。常にその点を念頭に置き、「経営指針」(「経営理念」↓「お寺のビジョン」↓「経営計画」)を作成してほしいものです。

お寺の生き残りの模索です。

おわりに

昭和三十年生まれの私は高齢者になりました。幸いなことに、今までは大きな病気や怪我などもありませんでした。人生の半ばの四十歳で住職を継職してからは、一日も休むことなく走り続けてきました。今は、長男に、どうバトンを渡そうかと考えております。

時代の変化がきわめて速く感じていて、たとえば、息子たちが、テレビも見ず、新聞も読まず、ネットで情報を得て社会生活をしています。親子の年齢差があれば、どうしても埋まらない世代間格差を感じてしまいます。その例のひとつが「紅白歌合戦」です。知らない歌手と知らない歌がほとんどで面白くなくなってしまいました。若い世代をファンにできなければ、将来は見通せないことは明らかですが……。

私事ですが、以前大阪の應典院の秋田光彦師よりネットを通じた寄付、クラウドファンディングの依頼が届きまして、少額ですがご寄付させていただいた記憶があります。お寺の寄付もクラウドファンディングの時代になったのか、と感慨深いものがありました。

若い世代の学歴水準もきわめて高くなってきました。仕事や子育て以外に生き甲斐をもって生活している人が増えました。個人個人の価値観をとても大切にしています。素晴らしいことです。

自助・共助・公助の社会の精神が浸透してきています。阪神淡路大震災、東北大震災を始め各地で頻発する災害などを遠くで発生している他人事と捉えられずに、休暇を取ってでもボランティアに駆け付ける人がとても多くなりました。駆け付けられなくとも物資の支援をしたいと思う人もたくさんいます。困っている人に手を差し伸べたい、助けたい、私も何かしたい、との思いからです。

大乗仏教の精神は「自利利他」です。この精神を再認識したいものです。既存仏教の宗派はこの半世紀、宗祖の教義普及のみに専念し、結果的に時代に取り残された観がありま す。若者たちがお寺に何を期待していますか?

若者たちに期待されるようなお寺になるべく、最大限の努力をすべきだと思います。本文中には、遅きに失したと書きましたが、今からでも間に合うと思います。

将来的には、今よりももっと複雑で変化の速い社会が訪れるのですから、お寺の役割はたくさんあるはずです。

浄土真宗本願寺派の宗門・執行部についても厳しい事を述べましたが、大きな議論をしながら社会に役立つお寺づくりを、宗門一体となって頑張ってほしいと願うばかりです。失礼があれば、お許しください。

私が浄土真宗本願寺派に所属していますので、本願寺派を例にとってこの本を書きましたが、他宗派でも同じだと思います。他宗の方はご自身の宗派に置き換えてお考えいただきますように、お願い致します。

二〇二一年十一月吉日

瑞田信弘

著者プロフィール
瑞田信弘（たまだのぶひろ）

浄土真宗本願寺派
瑞光山　浄土院　称讃寺　住職
1955年（昭和30年）香川県高松市香川町生まれ。
大学卒業後、県内の公立中学校・小学校の社会科教員を経て、
飲食店を自営。専門学校の講師など兼任。
1998年（平成10年）父親（第15代住職）が往生し、
経営者、教職をやめて、第16第住職を継職する。

著書「浄土真宗の智慧」（2020年・アートヴィレッジ刊）
　　「ただでは死ねん」（2013年・創芸社刊）

終活支援団体
一般社団法人　わライフネット　代表理事

NHKカルチャーセンター高松　初級仏教の講師
FM815「たまだ和尚のここらでホッと一息つきましょう」
パーソナリティー

〒761-1701
香川県高松市香川町大野1325-2
TEL　087-885-2012
URL : https://www.syousanji.com/　（称讃寺《しょうさんじ》　香川）で検索
E-mail : s-tamada@shirt.ocn.ne.jp

寺院経営がピンチだ！
坊さんの覚悟

2021年11月10日　第1刷発行
著　者―――瑞田信弘
発　行―――アートヴィレッジ
〒660-0826　尼崎市北城内88-4・106
ＴＥＬ. 06-4950-0603　ＦＡＸ. 06-4950-0640
ＵＲＬ. http://art-v.jp
カバーデザイン―――西垣秀樹